初心者でも勝てる！
月**10万円**からの

**FX**
**超入門**

著 **ソフィア**
［主婦&FXトレーダー］

ソーテック社

## はじめに

　多くのFX書籍や教材が広まっている中、本書を手に取っていただき、ありがとうございます。

　FXに興味はあるけれど始めるのに躊躇している方やFXの基礎をしっかり学びたい方に向けて、なるべくわかりやすく解説しています。

　FXで月に100万円を稼ぐハードルは高くても、月に10万円であれば、目標達成可能な数字です。

　ただ、「FXで簡単に稼げる」と思ってFXをはじめると、結局はお金を失って「FXは稼げない」とがっかりしてFXをやめることになります。

　FXが失望に終わらないよう、FX初心者が特に注意すべき点にも多くふれています。

　FXトレードを遊びやギャンブルと考えずに、しっかりとトレードの基本を学び、ファンダメンタルズ分析、テクニカル分析、資金管理、トレード方法などを理解し、実際のトレードで経験を積んでいきましょう。

　本書に登場するモカは、私の愛するおねこさまで、今ではすっかり家族の一員です。少しわかりにくい部分も、モカと私との会話やモカのイラストを交えながら、楽しく学べるよう心がけました。

　あくまで本書は入門書なので、FX世界の入り口と考えてください。書かれていることを十分埋解したうえで、トレード経験を

積みながら、疑問に思った点や深く掘り下げたい点を学んでいく
ことをおすすめします。

　本書が、FXトレードという新しい世界への扉となり、FXを通
して利益を得ることだけでなく、生活に身近な経済や金融にも興
味を持っていただければ、とても嬉しいです。

　皆さまにとって、FXトレードが素晴らしい経験になるよう心
から願っています。

主婦＆FXトレーダー　ソフィア

# [CONTENTS]

## STEP 1 FXの世界へようこそ！

## STEP 2 FXがさらに面白くなる 経済と金融

### STEP 3　ハマると楽しいFXチャート

# STEP 4　FX初心者でもできる テクニカル分析

**STEP 5**

## 知らないと危険！
## FX情報収集とSNSの付き合い方

STEP **6**

# お待たせしました！
# 早速FXをはじめよう

# STEP 7 FX成功のカギは資金管理

# STEP 8 FXでスランプに陥った時の 6つの処方箋

# STEP
# 1

# FX の世界へようこそ！

FX の基本を簡単に解説します。
FX で安全にコツコツ資金を増やすための基礎になる部分です。
しっかりと FX の概要を理解しましょう。

## SECTION 01 よく聞かれる FX あるある質問

はじめまして。猫のモカです。FX初心者なので、いろいろ教えてにゃん。

まずは、FXについて皆によく聞かれる質問を見てみようね。

### ◯ FXは簡単に稼げるってホント？

いいえ、**簡単には稼げません**（笑）。いきなり夢が崩れ落ちた気分になりますが、世の中、簡単に稼げる仕事があったら、みんなお金持ちになっているはずです。

実は、FXを始めて1年以内に、約70％がFXを辞めるといわれています。「FX口座に入れた自己資金を全部失ってしまった」とか、「思ったように稼げない」という理由が多いようです。

そのようになる大半の人が、**何の知識も練習もなしに、いきなり自己資金でFX取引をしたから**です。

それはまるで、運転経験ゼロの人が、いきなり車を運転したようなもの。事故が起きて当然です。

FXに限らず、起業、ブログやユーチューバーなど、どんな分野でも、安定して稼げるようになるまでには、時間、学び、経験

が必要です。FXも知識と経験を積んでいくことで、収入を得ることは十分可能です。

## 🔰 FXはギャンブルなの？

ギャンブルのように勘に頼ってFXをすれば、ギャンブルになります。つまり、ギャンブルにするかしないかはあなた次第です。

確かに、FXで損失が出ることは避けられません。

ただ、損失の額に関しては、自分でコントロールすることができます。利益に関しても、どこで利益を確定するかは自分で決めることができます。

「FXで破産したという話を聞くので、FXは危険！」という人もいますが、それは適当に取引したり、資金管理をしていなかった結果にすぎません。

FXは、**資金を守ることを最優先**にすれば、安全に取引することができます。

## 🔰 一日中、FXチャートを見ないと 稼げないのですか？

一日中、チャートに張りつく必要はありません。仕事や家事などでチャートを見る時間が限られていても、FXから収入を得ることは可能です。

FXでは、実際にチャートを見て取引している時よりも、むしろ**取引前後が重要**になります。

**取引前に売買計画を立て、終了後に取引の見直しを行う**ことで、継続的に利益を積み上げていくことができます。

むしろ相場がお休みの週末に、じっくりチャートと向き合うことが大事です。チャートが動いていないので、冷静にチャートの

動きを確認でき、取引の改善点も見えてきます。

## ⚡ FXには才能が必要？

FXに**特別な才能は必要ありません**。FXの才能よりも、正しい
努力が継続できる能力の方が大事です。素直にやるべきことをや
れば、必ず結果に結びつきます。

確かに、同じように勉強や努力をしても、稼げるようになるま
でには個人差があります。早く結果が出る人もいれば、何年もか
かる人もいます。

時々、「自分にはFXの才能がない」とか「FXに向いてない」
という声を聞きますが、それは単に失敗につながることを繰り返
しているだけの場合が多いです。

## ⚡ FXはメンタルが強くないと稼げないの？

強いメンタルは必要ありませんが、自分のお金が増えたり減っ
たりするのを目の当たりにするので、**冷静にトレードするために
必要となるメンタルの安定**が大事です。

大きな借金を抱えていたり、強いストレスがある時にFXで稼
ごうとするのは、冷静なトレードができるとは限らないので、お
すすめできません。

メンタルが不安定な時にトレードすると、取り返しのつかない
判断ミスをしたり、早く稼ごうとリスクを取り過ぎたりします。

特に初心者の時は、トレードの損失が続くと感情が揺さぶら
れ、メンタルが崩壊してしまうことがあります。

メンタルを強くしようと思うことより、**良いトレードを続ける
こと**で利益も積み上がり、その結果が、メンタルの安定につなが
ります。

モカもFXで稼げるような気がしてきた
にゃん。

 FXで稼ぎたいなら、猫だからって寝
てばっかじゃ駄目よ(笑)!

### Point! FXでは平等にプロも初心者も同じチャートで取引する

FXを始めても多くの人が辞めていく一方で、FXで継続的に稼いでいる人が多いのも事実です。FXはとても平等な世界です。みな同じチャートを見て、同じ価格で売り買いできるのです。
FXに興味があるなら、とにかく第一歩を踏み出してみましょう。やさしい道のりとは言えませんが、挑戦してみる価値は十分あります。

## 02  そもそもFXって何？

> FXは、英語のForeign Exchangeの略で外国為替のこと。ちなみに、海外ではForex（フォレックス）と略しているよ。

> にゃるほど。旅行する時に、米ドルなどの外国通貨と円を両替するイメージかにゃ？

> その通り！　その場合、外国通貨を買って、円を売るという両替が行われているの。

### ❹ FXで利益が出る仕組みは簡単！

　**FX（Foreign Exchange）**は**異なった通貨の売買取引**のことで、正式には、**外国為替証拠金取引**といいます。

　この取引は証券会社やFXの会社で**FX口座を開設**し、オンラインで様々な通貨を売買する取引（トレードともいいます）をすることができます。

　例えば、円に対してドルの価格が上がると予想して、100円

で買った1ドルが101円になりました(円安・ドル高)。この時、買った1ドルを売って円を買う(**決済**)と101円が戻ってきて、101円-100円=1円分の利益になります。

**100円でドル円を買う**ということは、**ドルを買って円を売る取引**を意味します。

**101円で決済し利益1円分が確定**した時は、**ドルを売って円を買う取引**をしたことになります。

逆に、ドル円が100円から99円に下落してしまいました。この1円分が損失になり、損失を確定した時も、**ドルを売って円を買う取引**をしたことになります。

🔖 ドル円を買った場合

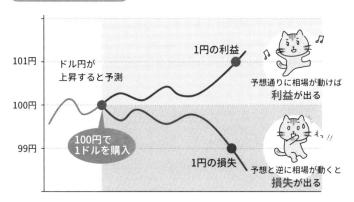

## ✛ FXは売りからも取引できる

ドル円が下落すると予想した場合、どのような取引をしたらよいでしょうか?

FXでは、通貨を買って売るという取引ではなく、なにも買っていない状態で、通貨を売ってポジションを持つことができます。

これは外貨預金では、ドルを買った場合、現物のドルが所有できるのに対し、FXではFX会社に預けた証拠金を担保として取引をし、その損益が口座の残高に反映される仕組みになっています。

これを

- **証拠金取引**
- **差金決済取引**

といい、実際にドルを所有していなくても、ドルを売るところから入ることができる理由となっています。

ドル円が下落すると予想した場合、**100円でドル円を売り**（ドル売り、円買い）、**99円になったので利確**（ドル買い、円売り）をした時は**1円分の利益**になります。

予想に反して101円に上昇、損失を確定（ドル買い、円売り）した場合は、1円分の損失になります。

🖉 ドル円を売った場合

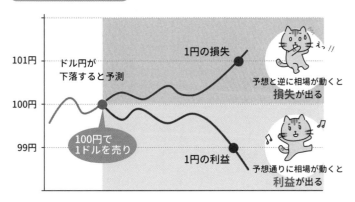

商品や株式、不動産の売買と同様に、FXでも安い価格で買い、高い価格で売れば、差額は利益になります。

**逆に、高い価格で売り、安い価格で買い戻した場合も、利益が**

**出る**というわけです。

　買うか売るかの2択しかないので、取引自体はとても簡単です。

## ❷ 売値と買値に注目！　為替レートの見方

　FXでは、ドル円やユーロドルなど各通貨ペアには売値と買値があり、相場状況に応じて常に変動します。**売り注文の価格**（レートともいいます）を**ビッド（Bid）**、**買い注文のレート**を**アスク（Ask）**ともいいます。

　売り注文のレートと買い注文のレートには差があり、その差のことを**スプレッド**といいます。

　スプレッドは、早朝や相場の変動が激しい時に広がる傾向があり一定幅ではありません。

スプレッドとは？

USD／JPY

売　Bid（ビッド）
137.66₇

ASK（アスク）　買
137.67₁

ビッドとアスクの差が
スプレッド

売る時の
レート

この場合スプレッド0.4銭

買う時の
レート

※スプレッドはFX業者によって異なります。

　このスプレッドは、**取引にかかるコスト（手数料）**で、スプレッドが広い時に取引をすると、コストを多く払うことになります。取引する時は、スプレッドが通常より広くないかどうか、チェックする習慣をつけておきましょう。

## ● ロングとショート、2つのポジション

　トレードで**売ることをショート**、**買うことをロング**と呼び、ショートやロングを**持っている状態をポジション**といいます。

　相場が上昇を続けている時に、ロングポジションを持っていれば、含み益が出る可能性が大きく、逆にショートポジションを持っていると、含み損を抱える可能性が大きいことになります。

ロングポジション
持ってるにゃん

　余談ですが、常にポジションを持っていないと落ち着かず、ややトレード中毒のような状態を**ポジポジ病**といいます。

　トレードチャンスを逃したくない、損失を早く取り戻したいなどの心理状態からポジポジ病になり、かかると完治に時間がかかるので気をつけましょう。

トレード回数を多くすれば、利益も多くなりそうだけど違うのかにゃ？

何も考えずにポジションを持つと、ただ損失が増えていくだけ。FXはトレード回数よりも、利益が見込めるところでポジションを持てるかどうかが大事なのよ。

## ❷ ドル円が上昇すると円安！

経済や金融に関するニュースで、**ドル高**や**円高**といった言葉を耳にするのではないでしょうか。

例えば、ドル円相場が

**100円→110円に上昇　　ドル高・円安**

**110円→100円に下落　　ドル安・円高**

となります。

ドル高・円安は、「ドルの価値が上がり、円の価値が下がる」

ドル安・円高は、「ドルの価値が下がり、円の価値が上がる」

ことを意味します。

### ⊘ 円高と円安の関係

例えば、円安（1ドル100円→110円）の場合、日本人が海外旅行先でモノの値段が高いと感じる理由のひとつになります。

逆に、海外旅行者が日本で旅行に来ると、モノの値段が安いと感じることになります。

同じように、ユーロドルの場合、ユーロドルが上昇したら、ユーロ高ドル安、下落したらユーロ安ドル高ということになります。

**相場が上昇した時は、左の通貨が通貨高、右の通貨が通貨安、**下落した場合は、左の通貨が通貨安、右の通貨が通貨高と覚えておくと便利です。

## ✈ FX取引をしている参加者はどんな人たち？

　FX市場では個人トレーダーから銀行やヘッジファンドまで、様々な市場参加者が活発に取引をしています。

　個人トレーダーは、大きな資金を動かす企業や投資家などのプロが取引している市場で、利益を着実に積み上げていかねばなりません。

　銀行、証券会社、一般企業、中央銀行、保険会社、年金、ヘッジファンド、AIなどの市場参加者は、おおまかに実需筋と投機筋に分けられます。

　**実需筋は、事業にともなう為替取引をするので、為替相場の安定が望ましい**と考えています。

　一方、**投機筋は為替の売買で利益を狙っているので、どんな理由であれ相場が大きく動いてくれることを期待**しています。

　FX取引全体の約70％が投機筋で占めているといわれ、相場に大きい影響力を持っています。

## FXの市場参加者

| 実需筋 | 投機筋 | 個人トレーダー |
|---|---|---|
| ・企業　・銀行<br>・公的機関<br>・中央銀行 など | ・ヘッジファンド<br>・機関投資家 など | ・専業トレーダー<br>・兼業トレーダー |
| 輸出入などの実需に<br>ともない売買 | 短期売買による<br>為替差益狙い | 売買による<br>為替差益狙い |

※実需筋と投機筋が重なっている場合もあります。

　こういった実需筋や投機筋は、大きな資金で為替相場を動かし、これらを大きなクジラと例えると、少額で取引する個人トレーダーは小魚みたいなものです。

　個人トレーダーは、このクジラに頑張ってくっついて泳ぎ、おこぼれをもらうことに徹しましょう。

　勝ち負けのある世界なので、クジラが敵に見えてしまいますが、敵ではなく道先案内人と考え、個人トレーダーは素直についていけばよいと考え相場を見ると、大きな流れに逆らわないトレードができるようになります。

### Point! FXは売りからも買いからも参加できる

FXでは売りからも買いからもポジションが持てるので、相場の上昇・下降両方の動きに対して、利益を得るチャンスがあります。
FXの仕組みは簡単ですが、実際に取引を始めると、難しい局面に何度も遭遇します。その時には、大局を見ることを忘れず、自分が持っているポジションが相場の大きな流れと一致しているかを確認しましょう。

# 通貨ペアの特徴を学ぼう

どの通貨ペアでトレードしたらいい
の？　稼げる通貨ペアを教えてにゃ。

稼げるかどうかはモカの腕次第（笑）。
でも、穏やかな動きをする通貨ペアや
上下の動きが激しい通貨ペアなど、そ
れぞれ特徴があるのよ。

##  メジャー通貨とマイナー通貨

世界には多くの国があり、通貨も国によって様々です。

代表的な通貨には、次のものがあげられます。

**米ドル、ユーロ、日本円、英国ポンド、豪ドル**

**ニュージーランドドル、カナダドル、スイスフラン**

これらの通貨は、FX市場で取引量も多く、頻繁に売買取引さ
れていて、**メジャー通貨**と呼ばれています。

一方、メジャー通貨に比べて取引量が少ない**マイナー通貨**に
は、次のものがあります。

**トルコリラ、南アフリカランド、人民元、シンガポールドル、**

**香港ドル、スウェーデンクローネ、ノルウェークローネ、メキ**

シコペソ

**メジャー通貨同士の通貨ペア**は、市場での値動きが比較的安定していてFX初心者には**トレードしやすい**という特長があります。

## 米ドル/円はトレードしやすい通貨ペアなの？

日本人になじみのある**米ドル/円**は、経済大国のアメリカと日本の通貨の組み合わせなので、市場での取引量も多く安定した値動きになります。

米ドル/円は、東京市場はもちろんロンドン市場やニューヨーク市場でも取引され値動きがあります。

さらに、アメリカと日本の通貨ペアなので、ニュースやネットからの情報が豊富でFX初心者にはおすすめです。

ですが、穏やかだといわれるドル円でも、大きく上昇したり下落する場面があります。

下図はドル円のチャートですが、2017年から2021年までは一定幅で動いていましたが、2022年から大きく上昇しています。

🔗 米ドル/円

149円

2022年に117円から149円まで
32円も上昇！

101円から117円で16の値動き

117円

101円

びっくりにゃん!!

2017　2018　2019　2020　2021　2022

まるで性格が豹変したような動きですが、相場は生き物！ 通貨ペアの性格も、様々な状況によって変化することは覚えておきましょう。

## ♟ ユーロ/米ドルも初心者向け？

　ユーロドルは、EU加盟国の通貨であるユーロと米ドルの通貨ペアです。

　**値動きのスピードは比較的遅め**なので、FX初心者におすすめです。

　ただ、**動きがゆっくりなので、一日で売買を終了するようなデイトレードには向かない**場合もあります。

　ユーロなだけに、欧州時間から値動きが大きくなる傾向があります。ユーロ/米ドルをトレードする時は、EUの中でも経済大国のドイツ、フランス、イタリアの経済や金融ニュースはチェックしておきましょう。

## ♟ 一度は挑戦したくなる？　ポンド/米ドル

　ポンド/米ドルは、英国通貨のポンドと米ドルの通貨ペアです。**ポンド/米ドルは、値動きが荒く、動きのスピードも速く、急上昇や急落する**ことがあります。

　大損失を出して市場退場者が出ることもあり、「**殺人通貨**」という物騒な異名を持つ通貨です。とはいえ、動きが大変活発なので、それをチャンスと見るFXトレーダーには人気があるのも事実です。

　欧州時間から値動きが大きくなり、時間によって動きの癖があります。FXに十分慣れた後、資金管理をしっかり守りながら挑戦してみましょう。

ポンド/米ドルで大儲けにゃ〜ん！

大儲けということは、大損するリスクもあるから気をつけてね。

## ⤴ 豪ドル/米ドルは東京市場のデイトレードに おすすめ

　**豪ドル/米ドルの通貨ペア**は、コアラドルやオージードルの愛称で知られるオーストラリアドルと米ドルの通貨ペアです。

　**資源国のオーストラリア**は、石炭や鉄鉱石などの市場価格や中国経済の影響を受けやすい傾向があります。

　ニュージーランドドル/米ドルの通貨ペアと似た動きをするのも特徴です。

　日本とオーストラリアの時差は1〜2時間なので、**シドニー市場から東京市場の時間帯にも値動き**が期待でき、デイトレードにおすすめな通貨ペアです。

　ややマニアックではありますが、ポンド豪ドルやユーロ豪ドルも面白い通貨ペアです。

　東京時間にも値動きが期待でき、午前中の数時間でさっとトレードを済ませたい人向けの通貨ペアです。

　豪ドルがらみなので、**オーストラリアの経済指標発表時には注**意が必要です。

## 🔗 初心者におすすめの通貨ペア

| ドル円 | 情報も取引量も豊富で、取引しやすい |
|---|---|
| ユーロドル | 欧州市場で取引する人向け |
| 豪ドルドル | 東京市場でも値動きが期待できる |

## 🔗 中・上級者向けにおすすめの通貨ペア

| ポンドドル | 欧州市場で活発な値動き |
|---|---|
| ポンド円 | 東京市場でも大きな値動きが期待できる |
| ポンド豪ドル | どの市場でも活発な値動き |

ユーロ/米ドルなど米ドルとの組み合わせの通貨ペアは、ドルストレート、ユーロ円など円との組み合わせはクロス円、その他、ユーロポンドなどはユーロクロス、ポンド豪ドルなどはポンドクロスというから覚えておいてね。

いろんな通貨ペアがあって迷うけど、最初は、値動きが素直といわれるドルストレートの通貨ペアでトレードしてみるにゃ！

### 🐾oint! 　自分の得意な通貨ペアを見つけよう

まずは、米ドル円やユーロ米ドルなどの主要通貨ペアで十分トレード練習を重ねてから、他通貨ペアもチャレンジしていきましょう。
通貨ペアをひとつに絞って極めるのも良し、時間がある人は複数通貨ペアでトレードするのも良し、決まりはありません。トレード経験を積めば、自分の得意な通貨ペアやトレード方法がわかってくるので、あせらずじっくり取り組みましょう。

SECTION
## 04 眠らないFX市場と時間帯

FXは24時間取引できるから、朝寝、昼寝、夕寝の合間にトレードするにゃん。

モカは寝る時間が多すぎる気が…（笑）確かに24時間取引できるけど、相場の動きが活発な時間帯と静かな時間帯があるのよ。

## ⚡ オセアニア時間帯からFXの1日がスタート

**FX市場の朝は6時から始まります**。

ニュージーランドのウェリントン市場の次にオーストラリアのシドニー市場がオープンしますが、通常、動きが静かな時間帯です。

東京時間が始まるまで、前日の相場の動きをチェックしたり、今日の取引計画や戦略を立てるのに良い時間帯です。

東京時間の前に、豪ドルやニュージーランド通貨を中心に動き始めることも多いですが、この時間帯は市場参加者が少ないため、相場が急変することがあります。たまに、取引チャンスに恵まれますが、初心者の間は動きを眺めているだけにしましょう。

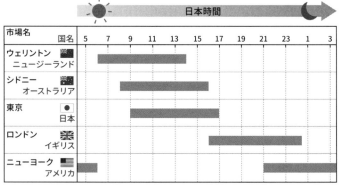

🔗 **各国の市場取引時間**

| 市場名 国名 | 5 | 7 | 9 | 11 | 13 | 15 | 17 | 19 | 21 | 23 | 1 | 3 |
|---|---|---|---|---|---|---|---|---|---|---|---|---|
| ウェリントン ニュージーランド 🇳🇿 | | | | | | | | | | | | |
| シドニー オーストラリア 🇦🇺 | | | | | | | | | | | | |
| 東京 日本 🇯🇵 | | | | | | | | | | | | |
| ロンドン イギリス 🇬🇧 | | | | | | | | | | | | |
| ニューヨーク アメリカ 🇺🇸 | | | | | | | | | | | | |

※3月末〜10月末頃（欧州がサマータイム）の場合

## 🔸 ドル円が元気な東京時間

　日本やアジア、オセアニアなどの市場参加者が中心になる**東京時間は、円通貨の取引が活発になる時間帯**です。

　一般的に、**東京市場は9時から17時で、仲値が決まる9時55分**に向けて、ドル円が買われる傾向があります。

　仲値とは、金融機関が毎朝提示する基準レートで、輸出入業者などが使うレートです。

　東京市場の時間帯は、一定幅での動き、つまりレンジ推移になることが多いです。

　例えば、前日、ドル円が上昇してきた場合、そこからさらに上昇するのではなく、その付近での値動きになります。

レンジ推移

上昇するかと思ったら
違うのかにゃー

この時間帯は、豪ドル通貨も値動きが期待できます。午前中に、オーストラリアの経済指標の発表があるので、発表時の前後は値動きが上下することがあります。取引する時は事前にチェックしておきましょう。

## ❹ 欧州時間帯でスイッチが入るポンドとユーロ

東京時間が終わりに近づく頃、欧州はお目覚めの時間になります。15時※ぐらいから、早起き欧州トレーダーが取引を始め、値動きが活発になります。

ただ、東京時間での値動きを否定するように逆の方向に動いたり、値動きが不安定になることがあるので、**初心者の間は16時※までエントリーを待つ**といいでしょう。

ロンドン市場がオープンしている欧州時間は、ユーロやポンド通貨の値動きが大きくなり、**デイトレードなど短時間で取引を終了したい人におすすめです。**

欧州時間の後半では、ニューヨーク市場もオープンし、さらに取引量も増えていきます。※欧州がサマータイムの時の時間

## ❹ 米国時間帯は強いトレンドが発生

日本の夜、**21時から米国トレーダーが参入**し、ニューヨーク市場もオープンします。

**21時から23時頃**は、欧州時間とも重なり、**取引量も多く値動きが非常に活発**な時間です。

米国時間帯では、欧州時間でのトレンドが、そのまま引き継がれる傾向があります。例えば、ドル円が欧州時間で上昇してきた場合、米国時間でもさらに上昇が続きます。

米国だけにドル円、ユーロドル、ポンドドル、カナダドルなどの米ドル通貨ペアの動きが大きくなります。

さらに、雇用統計や消費者物価指数といった米国の経済指標も発表され、結果によっては、値動きが激しくなることもあります。

　値動きがあるので利益が取りやすい反面、上下の値動きが激しく、スピードも速いので、初心者の頃は難しく感じるかもしれません。

　この時間帯で取引する場合、値動きに慣れるまではリスクを抑えてトレードしましょう。

そういえば、FXは土曜と日曜日はお休みなのね。トレードから離れて、モカは寝て曜日にゃん。

モカはいつも寝てるような（笑）。週末はトレードを気にせず、FXのお勉強に集中できるよ。

**Point!**　**デイトレードは各時間帯での値動きのクセを知るのがポイント**

一日で売買取引を終えるデイトレードをする場合、チャートが見れる時間帯に、どういう値動きをするのか傾向を知っておくと利益があげやすくなります。各市場がオープンしたりクローズする時間は、値動きが今までと逆の方向に動いたり、値動きが大きくなるので注意が必要です。年末年始、イースターホリデー、感謝祭、クリスマス休暇は、市場参加者が少なくなり、相場が不安定になるので、無理にトレードせず、おやすみしましょう。

## 🔗 1日のFXトレードスケジュール

### スケジュール

| | |
|---|---|
| 7:00 | ニュースや経済指標のチェック |
| 8:00 | チャートの分析やトレードプランの作成 |
| 9:00 | 東京市場でトレード開始 |
| 12:00 | デイトレードの場合は、一旦、利確 |
| −欧州時間まで休憩− | |
| 14:30 | チャート確認や欧州時間でトレードする場合はトレード準備 |
| 15:00 | 欧州市場でのトレード開始 |
| 17:00 | デイトレードの場合、利確 |
| 夜はその日のトレードの見直しやFXの勉強など 昼間に仕事をしている場合は、20:30からトレード準備を始める | |
| 21:00 | NY時間でのトレード開始 |

自分の参加できる
時間帯でトレードすればOKにゃ

## SECTION 05  FXで必ず使う基礎用語

> FXを始めるのに、必要な基礎用語を教えて欲しいにゃん。

> ここでは、FXでよく使う大事な用語をピックアップしてみたよ。

### ⊿ 100pips獲得ってどういう意味？

FX教材の宣伝やX(旧Twitter) などで時々見かける「○○pips獲得！」って、どういう意味でしょう？

**pips<small>ビップス</small>は、通貨ペアの変動を表す共通単位**で、トレードの結果を客観的に把握することができます。

Pipsは、percentage in pointの略で複数形なので、1 の時は1pip<small>ビップ</small>になります。

クロス円と円を含まない通貨ペアで1pipが異なります。

**ドル円やユーロ円などのクロス円　1pip ＝ 0.01円**

（小数点以下第2位）

**ユーロドルやポンドドルなどの通貨ペア　1pip ＝ 0.0001**

（小数点以下第4位）

クロス円の通貨ペア

クロス円以外の通貨ペア

小数点以下第2位

小数点以下第4位

## ✣ 同じpipsを獲得しても、取引額に応じて利益は変わる

例えば、ドル円を100円で10,000ドル買い、100.50円で売った場合、50pips獲得し5,000円の利益になります。

同じレートで、20,000ドルで売買した場合、利益は10,000円になります。このように、**同じpipsを獲得しても、売買した取引額に応じて利益も変わります**。

時々、ソーシャルメディアなどで、○○pips獲得といった結果をつぶやいているトレーダーさんもいますが、実際、どれぐらいの利益が出たかはpipsだけではわかりません。

例え5pipsだけしか取れなくても、取引額が多ければ、50pips獲得するより、利益が多いこともあります。

そうすると、取引額を大きくして5pips獲得すればいいと思いがちですが、5pips獲得するのに、どれだけのリスクを取っているかが重要なポイントです。

例えば、損切り幅が50pipsで5pips獲得の場合、あまり良いトレードとは言えません。

毎日10pips獲得といった目標を決める方法もありますが、初心者の頃は簡単なようで難しい目標です。というのも、当然、損失が続くこともあり、淡々とトレードができなくなる場合があるからです。

pipsが取れるかどうかは相場次第の場合も多く、初心者の頃はその判断がうまくできないこともあるからです。

毎日、5日間10pips
ゲットしてたのに、
50pips損したにゅー

モカにゃん…
なにやってんねん…

### ÷ 損切りをpipsで設定するのはNG

さらに、単純に損切りを○pipsで設定する方法もありますが、損切りを固定pipsにすると、損切り根拠のないところで損切りすることになり、あまりおすすめしません。

どこで損切りするべきか明確になっていて、さらに固定pipsの損切り幅になるところまでポジションを持つのを「待てる」のであれば有効な方法です。

最初は、**pips獲得にこだわらず良いトレードができるかを重要視**しましょう。

## 🔄 急にロットを上げるのは危険？

**ロット（Lot）とは、通貨の取引数量の単位**です。エントリーする前に資金に合った適正ロットを決める必要があります。

FX会社によって、1ロットの通貨単位が1,000通貨、10,000通貨もしくは100,000万通貨と異なります。

ここからは1ロットは10,000通貨で説明します。

例えば、ドル円を1ロット取引するなら、10,000ドル、ポンド円なら10,000ポンドになります。

次ページの図のように、**通貨ペアの左側の通貨が通貨単位**になります。日本円に換算した額は、その時の為替レートで決まります。

例えば、**ドル円を1ロット買った場合**、ドル円の為替レートが100円で10,000ドルを買っている状態、つまり**100万円のドル円の買いポジション**を持っていることになります。

ロット数に応じて、利益や損失の額は変わるので、ロット数を上げれば、同じpips獲得であっても利益が増えることから、ロット数を上げたい気持ちが出てきます。

当然ながら、ロット数を上げるということは、損失が出た時に上げた分だけ損失が大きくなるということです。

**◢ 1ロット10,000通貨の場合**

### 1ロット（10,000通貨）取引する場合

| | | |
|---|---|---|
| 🇺🇸 ● USD／JPY | | 10,000ドル |
| 🇬🇧 ● GBP／JPY | | 10,000ポンド |
| 🇦🇺 ● AUD／JPY | | 10,000豪ドル |

初心者なのに、むやみにロットを上げると、大損失が出ることもあるので、ロット数はトレードの上達度や口座資金の増加に応じて調節していきましょう。

## ◔ レバレッジは自分でコントロールしよう

FXでは、**FX会社に預けた証拠金の何倍もの金額で他の通貨を売買**することができ、これを**レバレッジ**といいます。

レバレッジは「てこの力」を表し、これを上手に使うことで、自分が持っている資金より大きな額で取引ができます。ただし、日本では、法律で**レバレッジは25倍まで**と定められています。

口座資金が10万円の場合、レバレッジを25倍にすると、上限

250万円分の取引が可能ですが、最大額のレバレッジ25倍でトレードする必要はありません。

資金とロット数を調整することでレバレッジをコントロールすることができます。

例えば、ドル円が100円の時に10万円の口座資金で1ロット（10,000通貨）で取引した場合のレバレッジは10倍になります。

**⌘ レバレッジの計算方法**

（現在の為替レート×取引数量）÷口座資金＝レバレッジ
（100×10,000）　　　÷10万円　＝10

初心者の間は、トレードに慣れるまで、**レバレッジは2から3倍程度で取引するのがおすすめです。**

トレードの成績が安定するまでは、ロット数を下げてレバレッジを調整し、リスクを下げてトレードしましょう。

## ◎ FXの証拠金とマージンコール

**FXの証拠金**とは、FX会社に証拠金として預け入れる資金（レバレッジを利用するための担保のようなもの）のことで、預け入れた資金以上の売買取引が可能です。

**証拠金**は、必要証拠金、有効証拠金、余剰証拠金の3種類に分けられます。

**必要証拠金は、通貨の取引に必要な資金**のことで、10万円分の通貨を購入する場合、10万円の必要証拠金が必要になります。

**有効証拠金は、決済をしていないポジションの含み益と含み損を合わせた現在の額**です。

含み益がある時は、有効証拠金は増え、含み損がある時は有効証拠金は減ります。

　**余剰証拠金とは、有効証拠金から必要証拠金を引いた額になります。**

　どれだけ資金に余裕があるかを数値で表しているので、新たにポジションを持つ前にチェックしましょう。

🔖 **証拠金とは**

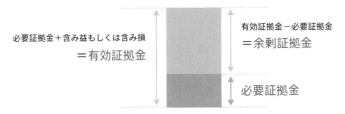

必要証拠金＋含み益もしくは含み損
＝有効証拠金

有効証拠金ー必要証拠金
＝余剰証拠金

必要証拠金

　証拠金がらみで注意したいのは**証拠金維持率**です。証拠金維持率は、**有効証拠金÷必要証拠金×100**で計算され、証拠金維持率が大きいほど安全にトレードが行われている目安になります。

## ÷ 証拠金維持率が低レベルになるとマージンコールに！

　FX会社によりますが、証拠金維持率が100％を割れると、持っているポジションが強制的に決済されるロスカットが行われます。

　こういった事態にならないよう、**証拠金維持率は少なくとも300％から400％を維持してトレードしましょう。**

　証拠金維持率が100％を割れそうになると、**マージンコール**という**警告通知**が出されることがあります。

　「マージンコール」と聞くと、2007年に発生したリーマンショックを題材にした映画を思い出すかもしれません。

　マージン（margin）は証拠金、コール（call）は要求のことで、証拠金維持率が一定レベルを下回った場合、FX会社からメールや取引画面などで警告されます（通知がないFX会社もあり

ます)。

これは持っているポジションが大きな損失を抱えている状態で、追加資金を口座に入金するか、ポジションを決済するか、お祈りして損失が少なくなるのを待つしかありません。

そもそもマージンコールになるということは、資金管理ができていないという意味で、資金管理の見直しが必要です。

## ↗ロスカットで借金まで負わされた!?

**ロスカット**とは、**証拠金維持率が一定レベル以下になると、持っているポジションが強制的に決済される**ことをいいます。

マージンコールの後に、ポジションを決済したり、追加資金を口座に入金しないと、このロスカットになる確率が大きくなります。

**ロスカットが行われる証拠金維持率のレベル**は、FX会社によって異なり、**日本のFX会社は50%程度に設定**されています。

勝手にポジションが決済されると最悪な気分になりますが、これもトレーダーの口座資金を守るための仕組みです。

ただ、気をつけなければいけないのは、相場の変動が大き過ぎて、ロスカットの執行が間に合わず、**ロスカット後の証拠金がマイナスになってしまう**ことです。

証拠金がマイナスになってしまうと、FX会社から追加資金を入金するよう求められます。

これがよく聞く「FX取引で借金まで負わされた」というもの

です。

**ロスカットの仕組み**

マージンコール（100%）
証拠金を追加するよう
警告される

値段
100円
買い
含み損

99円
マージンコール

98円
ロスカット

ロスカットライン（50%）
強制的に決済される

❗ ロスカットラインはFX会社によって%が異なり、その水準を下回ると、
強制的にポジションが決済されます。

　お金を稼ぐために始めたFXで、借金が発生することがあって
はいけません。

　**ロスカットを防ぐには、資金管理の徹底**しかありません。

● **必ず決めたレートで損切りを行う**

● **大きなロットでギャンブルトレードしない**

● **レバレッジを上げ過ぎない**

　などを怠らなければ、ロスカットは防ぐことができます。

## 🔖 スワップポイントで不労所得！
## 　そんなに甘くない？

　FXでは通貨取引で利益を狙うほかに、**金利の高い通貨を買っ
て、金利差で利益を得る方法があります**。

　例えば、米国と円の金利差を利用し、ドル円の買いポジション
を保有し続けることで、毎日のように**スワップポイント**つまり金
利差調整分の利益を出すことができます。

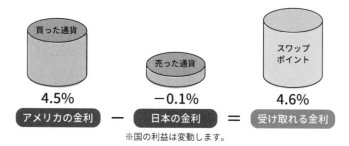

スワップポイントとは

| 買った通貨 | | 売った通貨 | | スワップポイント |
| 4.5% | − | −0.1% | = | 4.6% |
| アメリカの金利 | | 日本の金利 | | 受け取れる金利 |

※国の利益は変動します。

　つまり、一番金利の高い通貨を買って、一番、金利の低い通貨を売れば、一番高いスワップポイントを得られるのです。

　そうなると、「新興国のトルコやメキシコ、南アフリカのほうが米国より金利が高いから、トルコ円の方が良いのでは？」と思ってしまいますが、**新興国の通貨ペアは変動幅が激しく、流動性も低く、新興国としてのリスク**もあります。

　トルコ円の相場が下がり続けると、毎日スワップポイントが入っても、含み損を抱えることもあります。

　せっかく、毎日スワップポイントが入ってきても、ポジションを決済した時に損失になるという残念な結果も考えられます。

　**スワップポイントは、ニューヨーク市場がクローズ後につきます**が、スワップポイントも日々変動し、FX会社によっても異なります。

　逆に金利の高い通貨の**売りポジションを保有し続けると、マイナススワップポイント**がつくので、金利差を支払わなければなりません。

　長期投資といって、ポジションを保有し続けようと計画しても、２国間の金利差が将来、縮小したり逆転することもあるので、放っておけばスワップポイントで稼げるという甘い言葉は信

じないようにしましょう。

スワップポイントの利益を狙ってポジションを保有する場合は、レバレッジを低くして、どれぐらいの変動幅に耐えられるのかを確認してね。

毎日、証拠金維持率の確認をして、ロスカットされないよう気をつけないとにゃん！

**Point!**　**稼ぐ近道は、資金を守ること**

FXで使われる用語は他にも多くありますが、資金管理にまつわる大事なFX用語は、自分の資金を守ることにつながるので、理解を深めておきましょう。FXでは、稼ぐことばかり考えてしまいますが、自分の資金を守ることの方が重要です。

# 生活スタイルや性格に合った
# トレードスタイルはどれ？

モカは寝ている合間にトレードするスタイルがいい！あと性格は待てないタイプにゃん。

モカは瞬発力もあるから、スキャルピングでもする？（笑）。

## ✏ スキャルピングはゲームが得意な人向け？

**スキャルピングは、秒から数分でエントリーから利確**（もしくは損切り）を行うスタイルです。

チャートは**1分足や5分足**を見ながら、売買を何度も繰り返します。スピードが速いだけに集中力が必要で、取引中は常にチャートに張り付くことになります。

エントリーや決済のタイミングが来た時、瞬時に実行できないと、スキャルピングには向いてないと言えます。というのも、スキャルピングで狙うpipsは、**数pipsから10pips程度**なので、もたもたしてる時間はないのです。

そういう意味で、ゲームが上手な人は、スキャルピングができる素質がありそうです。

　性格的には、せっかちで何時間も何日も結果を待てないタイプや、数時間、チャートを集中して見れる生活スタイルの人に向いています。

　ただ、他のトレードスタイル同様、チャートをしっかり分析するプロセスは必要です。

　注意点として、スキャルピングを禁止しているFX証券会社もあるので、確認してからトレードしましょう。

## ⤴ 主婦におすすめデイトレード

　**一日で売買取引を終了する**スタイルを**デイトレード**といい、毎日、チャートを分析し、実際にトレードする時間のある方におすすめです。

　一日で取引が完結するので、就寝中にポジションを抱えていると心配で眠れない人に適しています。

　主婦の方や在宅ビジネスをしている方など、家事や仕事の合間に、トレードに使える時間を組み込んでいきましょう。東京時間、欧州時間、ニューヨーク時間とそれぞれの時間帯内で、取引を終了することも可能です。

　**1時間足や4時間足などの中期足チャート**を見て、それより短い足のチャートで売買タイミングをはかります。

　狙う値幅は、通貨ペアや時間帯にもよりますが、**20〜40pips**とれれば良しとしましょう。デイトレードの場合、あまり欲張ると、せっかくの含み益がゼロになったり、損切りになってしまいます。

　デイトレードだからといって、毎日トレードする必要はありません。チャート分析をした結果、難しい相場であると判断したら、トレードしないという決断も立派なトレードです。

あくまで目安にゃ!

| トレード<br>スタイル | 保有期間 | 狙う値幅<br>（PIPS） | トレード回数 |
|---|---|---|---|
| スキャルピング | 数秒～数十分 | 5～10 | 1日に数十回以上 |
| デイトレード | 数時間～1日 | 10～40 | 1日に数回 |
| スイングトレード | 数日～数週間 | 100前後 | 1週間に数回 |
| ポジション<br>トレード | 1カ月以上 | 100以上 | 1カ月に数回 |

## 仕事が忙しい人はスイングトレード

　朝から晩まで仕事が忙しいと、平日はチャートをチェックする回数も限られてきます。チャートが気になって仕事に影響が出ないよう、ゆったりめのトレードスタイルを選びましょう。

　**スイングトレード**は、**エントリーから決済まで、数日から1週間程度**で、**日足を軸**にしたチャートをメインにトレードします。

　より大きなpipsを狙っていくので、週末にじっくりチャート分析をして、あらかじめトレード戦略を立てておけば、平日にあわてることもありません。

　トレンドが継続すると、大きく利益を伸ばすことが可能ですが、短期の値動きにまどわされて、怖くなって決済してしまうとスイングトレードの意味がなくなってしまいます。

　短期足チャートは見ないというのもひとつの手です。

## じっくり気長にポジショントレード

　ポジショントレードとは、数週間～数カ月、あるいは何年にもわたりトレードするスタイルで、**月足や週足チャート**を使ってトレードします。

　ポジションを持っている期間が数か月以上になることもあるの

で、**スワップがプラスの通貨ペアのポジションを保有するのが理想**です。

高金利通貨のポジションを長期保有することで、毎日スワップが入ってくるのは魅力的ですが、スワップが欲しいがために、**含み損のポジションを持ち続けるのはおすすめしません**。そのポジションが損切りなった時、スワップで得た利益以上に損失が出てしまうことがあります。

じっくり気長にトレードをするといっても、放置していいという意味ではなく、時間がある時にはチャートを確認し、資金管理には常に注意を払いましょう。

良くないのは、スキャルピングなのに、何時間もポジションを持ってしまったり、デイトレードをしているのに、ポジションを翌日に持ち越してしまうこと。そういう時は損切りができない場合が多いのよ。

FX初心者にありそうな間違いだね。気をつけるにゃん。

## Point! 生活スタイルに合わせたトレードで上達スピードアップ

トレードで安定した副収入を得るには、自分の生活スタイルや性格に合った、無理のないトレードスタイルを選ぶことが重要です。
毎日のスケジュールの中で、いつどこでFXに時間を使えるのかを考えてみましょう。チャート分析やトレードの時間を毎日、同じ時間に行うことで、習慣化するだけではなく、時間帯や通貨ペアの動きの特徴もわかるようになり、トレード上達につながります。

# FXにスリルを求めるのはNG!

　FXトレードを始めたばかりの頃、まだトレードの本質がわかっていない私は、トレードにちょっとしたスリルを感じていたようです。ポジションを持って、損益がプラスになったり、マイナスになったりするのを見ているだけで、ハラハラドキドキ！

　スリルを求めることは、人間の本能とも言えるので、FXにスリルを感じてしまうのは自然なことです。でも、トレードにスリルを求めてしまうと、ハイリスクなトレードをして、痛い目に合うことになります。

　さらにスリルを求めると、感情がトレード判断に影響を与え、冷静な判断が必要な時に、恐怖や興奮などの感情に揺さぶられ、大きな損失を出してしまうことにもつながります。

　実は、トレードは、淡々とつまらない作業の繰り返しなので、勝っても負けても、「本来、相場はそういうものだ」と思うだけです。

　FXの世界は、確かに魅力的な面もありますが、スリルや興奮を求める場所ではありません。FXトレーダーは、常に自分の感情をコントロールし、リスク管理を行い、相場分析を怠らず、冷静な判断をしていく必要があります。

　スリルや興奮を求めるなら、バンジージャンプやスカイダイビングなど別のスリル満点なものを探してエンジョイしてくださいね（笑）。

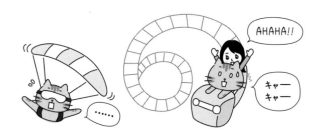

# STEP 2

# FXがさらに面白くなる
# 経済と金融

ちょっと難しそうな経済や金融のニュース…。
少しでも理解できると、FXがさらに楽しくなりま
す。
では、覗いてみましょう！

# 為替相場を動かす経済と景気

> FXは経済と深い関係があるみたいだけど、経済って何かにゃ？

> 毎日の生活に経済は欠かせないもの。モカが猫缶を食べられるのも、経済活動のおかげね。

> そう考えると、経済に興味が湧くにゃん！

## 🔗 そもそも経済って何？

　FXに経済が密接に関わっていると聞くと難しそうに感じますが、経済は人間が生活するために必要な活動で、実はとても身近なものです。

　人間は日々の生活をするために物を買い消費します。物を買うためには物が生産され、お金のやり取りが発生します。

　物だけでなく、学習塾などの教育や宅配などのサービスも経済活動の一部です。物やサービスから得られる収入の一部は、賃金として労働者に支払われます。

個人や家族の収入と支出を表す**家計**、ビジネス活動をする**企業**、道路整備などの公共サービスを提供する**政府**が、お互いに関わり合いを持ちながら、経済社会を支えています。

🖊 経済とは？

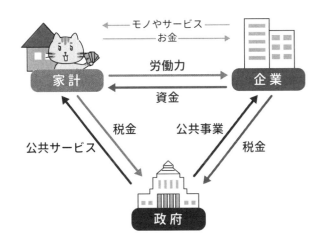

現在のグローバル経済を考えると、FXは異なる国の通貨の交換であり、その交換比率である為替レートは各国経済と密接に関連しています。

例えば、円が他の通貨に対して安くなると、海外に住んでいる人は「今は、日本で旅行するのが安い！」と感じます。

また、日本に来る海外旅行者が増え、観光に関わるサービス業の売り上げは伸び、土産品の購入などで日本経済はうるおいます。

一見、あまり経済と関係がなさそうなニュースでも、裏には様々な経済活動があることを意識してみると、さらに経済に親しみが湧くでしょう。

## FX市場を動かすファンダメンタルズとは？

　ちょっと聞き慣れない「**ファンダメンタルズ**」という用語は、英語の「Fundamentals」のことで、「**経済の基礎的条件**」と訳されています。

　為替相場に関係するファンダメンタルズは、国や地域の経済活動のことで、代表的なファンダメンタルズは、経済成長率、失業率、経常収支、物価上昇率、政策金利、石油などの資源価格などが挙げられます。

　FXにおける**ファンダメンタル分析**とは、**国の経済データや政治、金融政策などの動向を使って、相場を予想する分析方法**のことです。

　例えば、ドル円の通貨ペアの相場予想をするのであれば、米国と日本の経済指標や政策金利の方向性、政治動向を把握しておく

ことが必要です。

　ドル円を例にあげると、ドル円が上昇している場合（ドル高）、「米ドルが強く、円が弱い」状態です。これは、米ドルを買いたい投資家が多い、つまり米ドルの需要が高いことになります。

　中長期にわたり米ドルが買われ続けている場合、金利上昇などのファンダメンタルズ要因が背景にあります。

　**どの通貨ペアでも他国のファンダメンタルズの影響を受ける**ので、ドル円だけをトレードしている場合でも米国だけでなく、ユーロ通貨のEU圏やポンド通貨の英国の動向はざっくりでもいいので、ニュースなどで状況を知っておきましょう。

🔗 **米ドルが強く、円が弱い**

ドル円の日足チャート（2022年2月末〜2023年9月初までの推移）

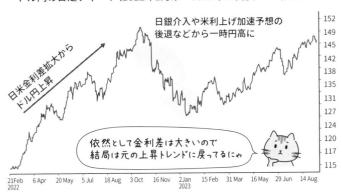

日銀介入や米利上げ加速予想の後退などから一時円高に

日米金利差拡大からドル円上昇

依然として金利差は大きいので結局は元の上昇トレンドに戻ってるにゃ

米国政策金利の推移

日本の政策金利の推移

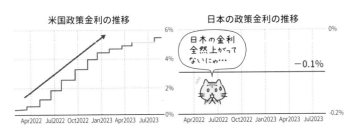

日本の金利全然上がってないにゃ…

−0.1%

為替相場は、色々なファンダメンタルズの要素が絡み合って変動するのね。

だけど、FX初心者がファンダメンタルズの情報をゲットするのは大変そうだにゃん。

本の後半で、おすすめのニュース専門サイトを紹介するから安心してね！

## 🔗 注目のファンダメンタルズがわかれば大丈夫！

　経済統計などファンダメンタルズの要素が多すぎて、理解したりチェックするのが大変だと思うかもしれませんが、全ての要素を把握する必要はありません。

　毎日、経済や金融のニュースに触れていると、「**今、市場参加者は何に注目しているか？**」が自然とわかるようになります。いくつか具体例を挙げてみましょう。

　2020年から新型コロナウィルス感染症が猛威を振るい、各主要都市でロックダウンが起きました。経済活動はストップしてしまい、経済指標の結果に急速な悪化が見られましたが、為替相場が一喜一憂することはありませんでした。

　これは、経済の悪化はやむをえないとの見方が広まり、感染者数の減少やロックダウン終了のタイミングの方が、より注目されていたからです。

　2022年には、世界的にインフレ率の上昇が懸念され、消費者

物価指数などの経済指標の発表に注目が集まりました。

さらに、インフレ抑制のため金利引き上げ観測が浮上し、政策金利の発表が注目されました。

このように、その時の社会や経済情勢によって、注目される経済指標やトピックスが変化するので、常日頃、その変化を意識しながらニュースを読むことが重要です。

**P̶oint!**　**ファンダメンタルズを頭の片隅に入れてトレードする**

為替相場は、景気動向や金利政策などの影響を受けながら、中長期的な相場の方向性や流れが決まります。
比較的短期なトレードであっても、ファンダメンタルズを頭の片隅におき、自分がどういう相場の流れの中でトレードをしているのかを理解しておくと、トレードの好成績につながります。

# FXと深い仲の政策金利

政策金利を〇%に引き上げとかニュースで聞くけど、誰が政策金利を決めるのかにゃ？

中央銀行が、経済の状態を考慮して、政策金利を引き上げ、引き下げ、または現状維持にするかを決めるのよ。

そもそも中央銀行って、何をしてるのかわからないので教えてにゃん！

## 中央銀行の役割はなに？

**中央銀行**とは、日本や米国などの国や、EU加盟国のような同じ通貨を使用している地域にある**政府の銀行**です。

主要国の中央銀行は次のように呼ばれています。

| 日 | 本 | 日本銀行（Bank of Japan, 日銀やBOJと略） |
|---|---|---|
| 米 | 国 | 連邦準備制度理事会（Federal Reserve Board, FRB） |
| 英 | 国 | イングランド銀行（Bank of England, BOE） |
| ユーロ圏 | | 欧州中央銀行（European Central Bank,ECB） |
| 豪 | 州 | 豪州準備銀行（Reserve Bank of Australia,RBA） |

中央銀行の役割

金融政策

金融や経済の安定化

政府の銀行

通貨の発行

銀行の銀行

中央銀行の役割

　主な中央銀行の役割の中に、通貨や物価の安定をはかるための**金融政策**があります。

　金融政策とは、市場に出回る通貨の量を調整、為替相場が急激に変動した時の為替介入、政策金利の引き上げや引き下げなどの変更など、**金融市場や経済の安定化**を図ります。

　その他、紙幣を発行する**発券銀行**の役割、税金などの政府のお金の管理や国債発行などの**政府の銀行**の役割、銀行から預金を預かったり、お金を貸し出すといった**銀行の銀行**の役割などもあります。

## ❷ 理解しておきたい政策金利

　**政策金利**と聞くと、あまり身近に感じられませんが、預貯金や住宅ローンなどの金利にも影響するといえば、少しは気になるはずです。

政策金利とは、主に**金融機関に対して短期間の資金を貸し出しする時や資金を預かる時の金利**または**金融政策で目標とする金利**のことを指します。

中央銀行が、**景気が良い時や過熱気味の時**に、**利上げ**（金利を上げる）を行うと、銀行が貸し出し金利を上げ、個人や企業は高い金利を払わなければなりません。

結果、借りることが難しくなり、景気が落ち着いた状態になります。

🔗 金利と経済

一方、**不景気で経済活動が停滞**している場合は、**利下げ**（金利を下げる）を行うことで、銀行が貸出金利を下げ、個人や企業は低い金利でお金を借りることができます。

結果、お金の動きが良くなり、景気が上向いていきます。

景気が落ち着いた状態の時は、政策金利は据え置かれ、変更されない時期が続くこともあります。

中央銀行は定期的に会合を開き、物価や経済動向、金融市場の状況などを考慮し、政策金利を決めます。

会合後には、中央銀行のトップの発言や会合での議事要旨の発表（タイミングは各国の中央銀行によって異なる）があります。

米国の金融政策決定会合は**FOMC（連邦公開市場委員会）**が年8回行われ、マーケットに与える影響は最も大きく注目されています。日銀の場合、年8回2日間にわたり行われます。

🔗 **各国の中央銀行の会合開催頻度**

| | 日銀 | FRB | ECB | BOE | RBA |
|---|---|---|---|---|---|
| 会合開催頻度 | 年8回 | 年8回 | 6週間毎 | 年8回 | 毎月1回<br>（1月を除く） |

**日本銀行と豪州準備銀行の政策金利の発表**は、東京市場がオープンしている時に行われるので、ポジションを保有している時は注意が必要です。

通常、**米国が政策金利を上げる**と、他国も追随して政策金利を上げる傾向があります。

これは、基軸通貨である米ドルと比較して、他国の通貨の流通量が少ないため、利上げをしないと米国へ資金が流れてしまうからです。

やっぱりアメリカの経済や金融政策は、世界の国に影響するんだにゃ〜。

アメリカの金融政策を決定する委員会をFOMC（Federal Open Market Committee、連邦公開市場委員会）といい、ニュースでもよく出てくるので覚えておいてね。

## ⚡ 短期金利と長期金利とは？

**短期金利**とは、期間が**1年未満**で資金を貸し出したり、借りたりする場合に使われる金利のことです。この短期金利は、市場金利の誘導目標となる政策金利の上げ下げによって、だいたい決まります。

一方、**長期金利**は、期間が**1年以上**の金利で、市場の需要と供給によって決まります。

長期金利も短期金利と同様、基本、景気が良い時や物価上昇時には上がり、景気が悪い時や物価下落時に下がります。

一般的に、長期金利というと**10年国債**※の**利回り**のことを指します。

例えば、米国の10年国債利回りが上昇すると、ドルが買われやすくなります。逆に、利回りが低下すると、ドルが売られやすい傾向があります。

※国債とは、国が発行する投資商品で、国債の購入者に毎年金利分の利子を支払います。

## ⚡ 政策金利と為替の関係

為替相場は、**各国の政策金利の動向**にともない、大きく変動したり、強いトレンドが出ることもあります。

例えば、米国の景気が過熱したり、物価が上昇を続けている場合、市場参加者の間で利上げ期待が高まります。

この**利上げ期待が買い材料**となり、実際に利上げが実施される前から、ドルが買われることがあります。

そして、**期待通り利上げの発表**が行われると、ドルが売られることになります。これは、利上げという「事実」が発表された時には、利上げが事前に相場に織り込まれて上昇しており、持っていたポジションを利確する動きが出るからです。

「利上げになったのだから、ドルはもっと買われる」とイメージしがちですが、利上げ材料がすでに市場に織り込み済みの場合、ドルを買う材料は一旦消化されたことになります。

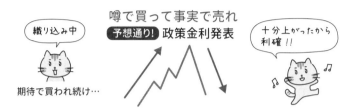

## ÷市場はサプライズで動く

政策金利の発表では、例えば、利上げが実施されるとの見通しの場合、利上げ幅がポイントになることがあります。

発表前、経済指標の結果や要人発言から、エコノミストなどが**利上げ幅を予想**します。これは**コンセンサス**と呼ばれ、経済指標、企業業績が発表される前にエコノミストやアナリストなどの**専門家による予想の平均値**が算出されます。

特に政策金利の場合、この幅はベーシスポイントで表されることが多いので覚えておきましょう。

**ベーシスポイント**とは、basis point(bpもしくはbpsと略されます)のことで、10ベーシスポイントは0.1%を意味します。

例えば、次の利上げ幅は25bp(0.25%)で、政策金利は3%になるとコンセンサスが予想されたとします。

実際の発表では、予想の25bpの利上げではなく、50bpの利上げになった場合、市場は25bpしか織り込んでいません。

この場合、コンセンサスより大きく上回ると、**市場はこれをサプライズと捉え、ドルはさらに上昇する**ことになります。

あるいは、利上げが見込まれていたのに、据え置きだった場合

もサプライズになり、今度は上昇していたドルは売られることになります。

　毎日ニュースを追っていると、雇用統計や消費者物価指数などの経済指標の結果を受け、利下げ期待後退とか利上げ継続などの予想が出てきます。

　ただ、市場参加者が同じ予想を持っているとは限らず、市場参加者の半分は利上げ、半分は据え置きといったように、市場が二分している時の政策金利の発表は、いつも以上に注目されるので注意が必要です。

### Point!　政策金利が発表されるときは要注意！

政策金利の動きは為替相場に大きく影響するので、日本、米国、欧州や取引している通貨の国の政策金利に関するニュースは常日頃チェックしておきましょう。
政策金利が発表されると、予想通りであっても、相場の変動が激しくなる場合があるので、発表前にポジションを決済するなど、資金管理の徹底が重要です。

# SECTION 03 経済指標の発表に気をつけよう

STEP 2　FXがさらに面白くなる経済と金融

市場参加者が注目する経済指標の発表前は、様子見ムードが広まり、相場は方向感のない動きになることがあるの。

それが分からず、安易にポジションを持ってしまうと、損切りも利確もできない状態にはまることがあるにゃ。

そんなポジションを抱えると、ストレスの多いトレードになるよ。
だから、日頃から経済指標のチェックが必要なのよね。

## ➔ トレードに関わる経済指標とは？

　**経済指標**とは、主に各国の中央銀行や政府などの公的機関が発表する雇用、政策金利、国内総生産、景気動向などの経済データで、景気動向や見通しを把握することができます。

　毎日、多くの経済指標が発表されているので、FX会社や証券会社などの金融関連ウェブサイトで、**経済指標カレンダー**を確認

することが大事です。

　経済指標のカレンダーは、通常、発表日時、国や地域、経済指標名、指標の重要度、前回の結果、今回の予想、今回の結果を見ることができます。

　例えば、マネックス証券の経済指標のカレンダーでは、経済指標の重要度は星の数で示してあり、重要度の高い経済指標は相場に大きな変動を及ぼすことがあるので注意しておきましょう。

**📎 経済指標カレンダー（例）**

| 発表日 | 発表時刻 | 重要度 | 国地域 | 指標 | 前回（修正値） | 予想 | 結果 | 備考 |
|---|---|---|---|---|---|---|---|---|
| | 18:00 | ★★ | 🇪🇺 | ユーロ圏GDP（前期比）（速報）□ | 0.0%（-0.1%） | 0.1% | 0.1% | 速報値 |
| | 21:30 | ★★ | 🇺🇸 | 個人所得（前月比）□ | 0.3% | 0.1% | 0.3% | |
| | 21:30 | ★★ | 🇺🇸 | 個人支出（前月比）□ | 0.2%（0.1%） | -0.2% | 0.0% | |
| 04/28(金) | 21:30 | ★★ | 🇺🇸 | PCEコアデフレータ（前年比）□ | 4.6%（4.7%） | 4.5% | 4.6% | |
| | 21:30 | ★ | 🇺🇸 | PCEコアデフレータ（前月比）□ | 0.3% | 0.2% | 0.3% | |
| | 21:30 | ★★ | 🇺🇸 | PCEデフレータ（前年比）□ | 5.0%（5.1%） | 4.1% | 4.2% | |
| | 21:30 | ★★ | 🇺🇸 | 雇用コスト指数（前期比）□ | 1.0%（1.1%） | 1.1% | 1.2% | |

マネックス証券の経済指標カレンダー
https://mst.monex.co.jp/pc/servlet/ITS/report/EconomyIndexCalendar

　**経済指標の予想（コンセンサス）** は、エコノミストやアナリストが出した予想数値の中央値を集計し、掲載されています。

　予想通りの結果が発表された場合と、大きく予想が外れた結果が発表された場合とでは、相場に与える影響が変わってきます。

　同じ経済指標であっても、その時に市場があまり注目していない場合は、相場にそれほど影響を与えないこともあります。

　比較的重要度の低い経済指標でも、市場が注目していれば、相場に影響することもあります。

　それらを読み取るには、**日頃から経済や金融関連のニュースに目を通すことが重要**です。

## ⊘ 主要な経済指標は押さえておこう！

　多くの経済指標が発表される中、市場参加者が注目する主要な経済指標があります。

　特に、**米国の経済状況は世界の景気動向の行方を左右する**ので、米国の経済指標の結果によっては、為替相場にも大きな影響をもたらすことがあります。その経済指標の中では、特に重要視される経済指標がいくつかあります。

### ✛ 雇用統計

　米国の雇用統計は、毎月の第一金曜日に、**失業率、非農業部門雇用者数、製造業雇用者数**などの雇用関連項目が発表されます。

　同時に発表される平均時給にも注目が集まることがあります。

　米雇用統計の結果は、金利政策の判断材料になるので、結果が良ければ、利上げ観測からドルが買われ、結果が悪ければ、利下げ観測からドルが売られる傾向があります。

### ✛ 消費者物価指数（CPI）

　毎月発表される米国の消費者物価指数（CPI）は、いわゆる物価の上昇や下落を表す指標です。

　食品や変動しやすいエネルギー価格を除いた指数「**コアCPI**」が重視され、**指数が上昇すると、景気過熱と考えられ、利上げ観測からドル高になる傾向**があります。

　逆に、指数が下落すると、景気減速と考えられ、利下げ観測からドル安になる傾向があります。

### ✛ ISM製造業景況指数

　米国の製造業の景況感を表す重要な指標で、毎月第一営業日に前月の調査結果が発表されます。

　この指標は、将来の景気を先取りする**先行指標**なので、景気動向を予想する判断材料のひとつになります。

　**景況指数が50％以上だと景気拡大、50％以下だと景気後退**と判断します。

　その他、消費動向がわかる小売売上高、経済規模が把握できる**GDP（国内総生産）**なども重要な米国の経済指標です。

　米国の経済指標は、ニューヨーク市場がオープンしている時間帯に発表されます。

米ドルだけじゃなく、ユーロやポンド、豪ドルがらみの通貨ペアをトレードするなら、それぞれの国の重要度の高い経済指標を確認しなきゃにゃん！

豪州の経済指標は、東京市場がオープンしている時間帯に発表、EU圏や英国の経済指標は、欧州市場がオープンしている時間帯に発表されるよ。

あれ？　日本の経済指標はチェックしなくていいのかにゃ？

**日本の経済指標**は、日本時間の朝に発表されるものが多く、ニューヨーク市場と欧州市場の参加者が不在のため、**相場にほとんど影響がない**のが特徴です。

　日本は他国と違い、低金利政策が長年続いているため、経済指標の結果がどうであれ、金融政策の変更はないだろうと見られています。

　とはいえ、いつまでも低金利政策が続くとは限らないので、日本の景気動向や日銀の発言などはチェックしておきましょう。

## ◉ 経済指標の発表後のトレードにも注意！

### ÷ 経済指標が悪くて下落してもすぐに上がることも

　長期的なトレンドで上昇相場が続いている場合でも、経済指標の結果が悪ければ、一時的に売りが強まり相場は下落することがあります。

　ただ、**その下落が押し目買いのポイント**になり、**引き続き上昇トレンドが続く**ことが多く見られます。

　FX初心者は、一時的に下落したチャートを見ると、反射的に売りエントリー、その後、反転上昇してあえなく損切りになってしまうことがあります。

　**長期にわたり上昇トレンド**が続いているということは、**金利差などのファンダメンタルズ要因**から上昇していることが多く、**一時的な下落は絶好の買い場**になるわけです。

　特に、明確な押し目がなく上昇してきた相場なら、「やっと押し目がきた！」と多くの買いが入ることが考えられます。

## ÷ 下落相場のときは戻り売りポイントになることも

　逆に、長期的に下落相場が続いている時に、予想より良い経済指標の結果が出た場合、一時的に買いが入り相場は上昇しますが、絶好の戻り売りポイントがきたと考える市場参加者は、上昇したところをモグラたたきのように売ってきます。

　**一時的に長期の相場の流れに逆らった動きになっても、結局は長期的な相場の流れに吸収されてしまう場合が多い**ことを覚えておくと、経済指標の発表後の急激な動きにも冷静に対処できるようになります。

---

**Point!** ┃ **相場と経済指標をにらめっこして慣れる**

経済指標の種類が多いだけに、最初は混乱するかもしれませんが、金融経済ニュースを読みながら、相場の動きを追っていくうちに、どういう状況の時にどの経済指標が注目されるのかが次第にわかってきます。

そのうち、経済指標の結果やニュースを読むことで、自分なりの考えも持てるようになり、トレードも楽しくなっていくはずです。

## SECTION 04 余計なこと言わないで！要人発言

時々、中央銀行のトップなどの要人が発言することで、相場が大きく動くことがあるよ。

経済指標の発表だけじゃなくて、要人の発言も気をつけないとにゃ。

## 相場に影響を与える要人って誰？

**各国の要人発言**は、経済や金融政策の動向などについて言及するため、内容によっては相場が大きく変動することがあります。各国の要人とは、**中央銀行の総裁、理事、副総裁**や関係者、**財務大臣**や**財務長官**などです。

 各国の主要な要人

| 日本  | 米国  |
|---|---|
| 日本銀行総裁、副総裁<br>財務大臣、総理など | 米連邦準備制度理事会（FRB）議長、理事<br>財務長官、大統領など |

| 欧州連合（EU）  | 英国  |
|---|---|
| 欧州中央銀行（ECB）総裁、副総裁<br>財務相、欧州理事会議事長など | イングランド銀行（BOE）総裁、副総裁<br>財務大臣、首相など |

金融不安や不況、戦争など大きな問題が生じている場合、米国大統領などの各国の大統領や首相の発言には注意が必要です。

　トランプ大統領が就任中、彼がツイートするたびに為替相場が上下することがあり、「余計なことを言わないで欲しい！」と感じたことがありました（笑）。

　要人が発言すると、どのような値動きになるのか例を見てみましょう。

　次のドル円の5分足チャートを見ると、2023年の8月末のジャクソンホール会議で**FRBパウエル議長がさらなる利上げを示唆**した発言を受け、**ドル円が急上昇**したことがわかります。

🔗 **2023年8月25日のドル円5分足チャート**

　**ジャクソンホール会議**とは、毎年1回8月に行われる金融・経済のシンポジウムで、各国中央銀行の要人や有名なエコノミストが集まるので、その会議での発言には常に注目が集まります。

　要人発言は、金融情報サイトなどの「本日の予定」で要人の発言スケジュールが確認でき、発言後も内容を把握することができます。

　特に、**政策金利発表後の中央銀行のトップの発言**は注目されることが多いので、発表後にすぐにポジションを持たず、発言内容を確認してからトレード判断をしましょう。

## ⚡ 要人発言は市場とのコミュニケーション

経済活動も金融市場も安定している方が、ビジネスや投資、家を購入するなど、将来的な計画が立てやすいのは言うまでもありません。

そのため、金利政策に変更がありそうな場合は、市場参加者などが突然の変更にパニックにならないよう、中央銀行などの要人が声明を出すことがあります。

例えば、今まで政策金利を引き上げていたのに、一旦、引き上げを休止、あるいは引き下げ方向に転じるときは、中央銀行のトップや関係者などが、政策変更が予想されるような発言を出します。

このように、中央銀行や政府は、市場とコミュニケーションを上手に図る必要があり、その結果、金融市場の安定につながっています。

### ✣ 破産者多数！　スイスフランショック

しかし、たまにコミュニケーションがうまくいかず（あるいは故意に言わない？）、相場が大混乱を起こすことがあります。

2015年1月15日に、**スイスフランショック**でスイスフランが大急騰、大損失を被ったトレーダーが多数出ました。

スイス中央銀行が長年「1ユーロ＝1.20フラン」を上限とする為替介入を実施していたのに、突然、この為替介入の撤廃を発表したからです。これは、**全くのサプライズ**となり、中央銀行に対する不信感が噴出しました。

こういう出来事は時間が経つと忘れてしまいがちですが、何が起きるかわからないのが相場の世界。常日頃、リスク管理を怠らないことが、いかに重要かと思われる出来事だったと言えます。

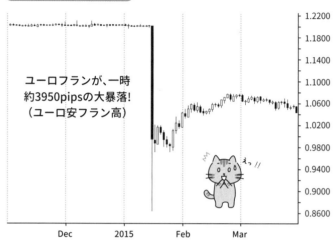

スイスフランショック

ユーロフランが、一時
約3950pipsの大暴落!
（ユーロ安フラン高）

あまりの急激な変動で、損切りストッ
プ（逆指値注文）を入れたレートで約定
せず、想定外の幅で決済されてしまい、
強制ロスカットや借金まで負わされる
ケースも（涙）。

それは痛い〜！　だから口座資金には失
っても大丈夫な金額だけを入れておく
ことや、まめに利益を出金することが
大事なんだにゃ！

## ◎ 要人発言で聞かれるタカ派とハト派

　金融政策を決定する中央銀行のメンバーによって、景気の見通しや金融政策に対する意見が異なることがあります。

　経済ニュースなどでタカ派やハト派という言葉を耳にしますが、これは金融政策へのスタンスを意味しています。

　**タカ派は金融引き締めを積極的に支持、ハト派は金融引き締めに慎重で金融緩和を支持**、もちろん中立姿勢やスタンスを変えるメンバーもいます。

| タカ派 | 中立 | ハト派 |

金利は引き上げ　金融引き締め　通貨高になりやすい

金利は引き下げ　金融緩和　通貨安になりやすい

　例えば、利上げを継続的に実施していても、市場が中央銀行トップの発言を「タカ派的ではない」と解釈すると、通貨高にならないこともあります。

　さらに、同じ内容の要人発言であっても、エコノミストや市場参加者の解釈が違うことで市場の見方が割れてしまい、相場の動きが不安定になる場合もあります。

---

**P🐾int!**　**今、市場での問題は何かを意識しよう**

政策金利発表前後、雇用統計や消費者物価指数などの主要な経済指標発表後の要人発言は確認しておきましょう。
さらに、銀行破綻、物価急上昇、信用不安など深刻な問題が起きている場合、その対策に関連した発言も出てきます。「今は市場で何が問題視されているか?」ということを常に意識しておくことが重要です。

**SECTION 05**

# リスクオン・リスクオフ
って何？

ニュースで「リスクオンの円売り」とか
「リスクオフが加速」とか聞くけど、ど
ういう意味かよくわからないにゃ。

簡単に言うと、リスクオンの時は「攻
め」、リスクオフの時は「守り」ともい
えるかな。FXトレードでも重要な判断
材料になるので覚えておこう！

## ✎ イケイケドンドン状態のリスクオン！

　**リスクオン**とは、投資家が経済状況が良好で、市場が安定して
いると判断し、多少大きなリスクをとっても、資金を積極的に投
資する状態のことです。

　経済成長が見込めるとき、インフレ率が安定してるとき、雇用
が安定しているときにリスクオンになります。

### ✛ サブプライムローン収束後、世界はリスクオンに

　リスクオンの一例として、2008年に米国を中心としたサブプ
ライムローンの問題が、リーマンショックなどの世界的な金融危

機を引き起こしました。

その後、金融政策が安定し世界経済が回復し始め、リスクオン
の状態になっていきました。

**リスクオンとは…**

リスクの高い資産へ積極的に投資する状態

経済良好 → 株価上昇時 → リスクオン

円売りドル買い

新興国通貨買い

資源国通貨買い

景気も良いし
リスク取って
稼ぐにゃー!!

為替市場に目を向けると、**リスクオンの状態**では、比較的リス
クが高く、金利の高い新興国通貨である**トルコリラや南アフリカ
ランド、メキシコペソが買われる傾向**があります。

ハイリターンの新興国通貨は魅力的ですが、ネガティブな材料
が出ると暴落することがあるので、買いポジションを保有してい
る場合は注意が必要です。

景気が良い時は、産業も活発になるので、石油や鉱物など資源
の重要が高まります。

オーストラリアやオーストラリア経済と結びつきが強いニュー
ジーランド、カナダは、資源国であり、**リスクオンの時は資源国
通貨が買われやすくなります。**

その他、ユーロやポンドドルも買われる流れになります。

リスクオンの時は、米ドルはどうなるのかにゃ？

米ドルは、状況次第だけど、米国の景気がよく、他の国の金利より高い場合や石油などのドル建ての商品価格が上がっている場合は、リスクオンでも米ドルが買われるよ。

## 🧭 守りに入る時はリスクオフ

**リスクオフ**とは、投資家が経済状況が悪化、市場が不安定と判断し、よりリスクの低い投資に資金を移す状態のことです。

景気が悪化しそうなとき、インフレ上昇などの理由で利上げをしているとき、戦争やテロ、天災などの地政学的リスクがあるときにリスクオフになる傾向があります。

### リスクオフとは…

**経済状況が悪化し、リスクの低い投資に資金を移す状態**

**経済悪化 → 株価下落時 → リスクオフ**

円買いドル売り

新興国通貨売り

資源国通貨売り

景気の見通しが良くないからリスクを抑えるにゅー

このような**市場に不安感や不透明感が広がっている時**は、投資家はなるべく資金を守ろうとします。

一例として、2020年の新型コロナウィルスのパンデミックから経済活動が停滞、世界的な不況が起きリスクオフになりましたが、各国が大幅利下げや量的緩和、財政支出を行い、市場が安定を取り戻しました。

為替市場では、金利が低い通貨であっても投資家は相対的により安全な通貨へと資金を移します。

戦争の影響を受けにくいことや経済が安定しているということで、**米ドル、日本円、スイスフランなどの安全通貨**が買われやすくなります。

そういえば、「有事のドル」買いっていうから、やっぱり米ドルは安心感あるんだにゃ。

世界的な経済不安や政治的な混乱、災害などの「有事」には、信頼性の高い米ドルが買われるよね。
でも、米国に問題がある時は、スイスフランや円が買われる感じね。

にゃるほど！　同じリスクオフでも、リスクオフの内容を把握しておかなさゃにゃ。

**Point!**  **リスクオン・リスクオフの判断にはVIXなどの指標を使おう**

リスクオン・リスクオフの判断には、株価、債券利回り、金の価格、ボラティリティー指数（VIX　市場の不確実性や恐怖を測る指標）などが役に立ちます。

リスクオンの時は、株価が上昇、米国10年国債利回りが上昇、金の価格が下落、VIXは低下する傾向があります。一方、リスクオフの時は、株価が下落、米国10年国債利回りが下落、金の価格が上昇、VIXが上昇がする傾向があります。トレードする際に、こういった指標の動きも気にしておくと、相場への理解が深まるでしょう。

# ファンダメンタルズ分析だけで FX できるの？

FXがファンダメンタルズと密接に関わっていることはわかったけど、ファンダメンタルズ分析だけでトレード判断して稼ぐことはできるのかにゃ？

ファンダメンタルズ分析だけでは難しいけれど、全体的な為替相場の方向性を予測できるファンダメンタルズ分析はとても重要なのよ。

## ◎ プロの投資家はファンダメンタルズを重視！

機関投資家など資金豊富な**プロの投資家はファンダメンタルズを重視**する傾向があります。

各国の経済状態や政策金利の動向を見極めることで、「どの通貨が買われ、どの通貨が売られそうか？」、つまり通貨の強弱を把握できます。

特に、機関投資家は、中長期で利益を狙う投資スタイルが多いので、相場の方向性を形作るファンダメンタルズ分析をしっかり行っています。

## ÷ プロの投資家のカモにされない初心者になる

　相場の世界は、初心者だからという甘えは許されず、経験・知識不足だからといってハンディキャップはつきません。

　残念ながら、ある程度ファンダメンタルズの知識がないと、相場でいいカモになって資金を吸い取られるだけです。

**🔗 初心者がカモにされやすいポイント**

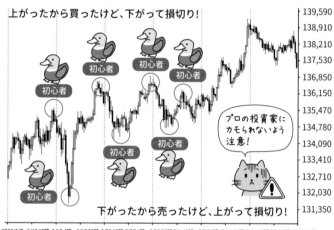

　目先の値動きに翻弄されてポジションを持つことの多い初心者から抜け出し、少しでもプロと同じ目線で相場を捉えることができるよう、経済指標のチェックと経済金融ニュースを読むことから始めましょう。

## 🔺 材料が出尽くすと相場は動かなくなることも？

　売買の判断に重要視されていた**材料が出尽くしてしまう**と、次第に相場への影響が薄れ、あまり動きがなくなることもあります。

　例えば、米国の利上げが市場の焦点になっていた場合、経済指標の結果や要人のタカ派の発言などで米ドルが買われます。

　しかし、利上げ材料が出尽くしてしまうと、その材料でドル円が十分買われていたため、それ以上、ドルが買われるためには新しい材料が必要になります。

　市場参加者が新しい材料を待っている場合、しばらくの間、レンジ相場が続く時もあります。

　「経済が落ち着いている」、「金融政策に変更がない」など、**材料に乏しい場合は、チャートを使って分析するテクニカルの要素で相場が動く傾向**にあります。

> 北朝鮮からのミサイルが発射された当初は、発射されるたびにドル円が急落したけれど、次第に発射されても相場に影響がなくなってしまったね。

> 最初は材料視されていたけど、次第に興味なくなった感じにゃ。いいような悪いような…（涙）

## ❓ ファンダメンタルズが重要なトレードスタイルとは？

トレードスタイルの中でも、スイングやポジショントレードなど**長期間ポジションを保有**する場合、毎日売買を繰り返さないだけに、**ファンダメンタルズ分析は不可欠**です。

とはいえ、ファンダメンタルズ分析だけでは、**エントリー、利確、損切りのタイミングを判断するのは難しく、テクニカル分析も必要**になります。

スキャルピングやデイトレードは、一日の相場の値動きの中でトレード判断と売買を行うので、テクニカル分析だけでもトレードは可能です。

ただ、ファンダメンタルズが理解できていれば、トレードの精度が上がることは間違いありません。

例えば、上昇トレンドが続いている相場で逆張りトレードをする時は、ファンダメンタルズを材料に上昇していることを把握していれば、早めのポイントで利確するといったトレード計画や対策を立てることができます。

---

**P**oint!　**ファンダメンタルズ分析でプロ目線のトレードをしよう**

ファンダメンタルズの要素は全てチャートの値動きに反映されるので、ファンダメンタルズ分析は不要で、テクニカル分析だけで十分という考えもあります。
それでも、プロの投資家が重視するファンダメンタルズの要素を理解し、テクニカル分析と組み合わせることで、勝率も利益も改善されるはずです。ファンダメンタルズがどのように相場の値動きに反映されるのかを常に意識しながら、チャートを見ていくことをおすすめします。

# STEP

# 3

## ハマると楽しい
## FXチャート

一見、規則性がなく動いているチャートに見えます
が、実はトレーダーの思惑や感情を表しています。
チャートを読み解くことで、FXが楽しくなること
間違いなしです！

# SECTION 01 FXチャートが 教えてくれること

FXのチャートを見たら、何がわかるのかにゃ？

チャートは全てを物語っているというぐらい、色んなことを教えてくれるのよ。

無味乾燥に見えるチャートの中には、売り買いの戦いのドラマが詰まってるんだにゃ！

## 🔍 そもそもチャートって何？

**チャートとは過去の値動きを時間軸に沿って表したグラフのこと**で、米ドル円やユーロ米ドルなど様々な通貨ペアのチャートをパソコンやスマホのアプリで見ることができます。

### ⊹ チャートは主にローソク足を使おう

チャートには、ラインやバー、ローソク足などの種類があり、なかでも**ローソク足チャートが一般的**で広く使われています。

ローソク足は、**1本のローソク足が一定の時間の値動き**を表しています。時間別では、1分足、5分足、15分足、30分足、1時間足、4時間足、日足、週足、月足などのチャートがあります。

　次のドル円のチャートは、日足、4時間足、1時間足、15分足のチャートです。

🖉 時間別のローソク足チャート

| 日足 | 1日1本 |
| 4時間足 | 1日6本 |
| 1時間足 | 1日24本 |
| 15分足 | 1日96本 |

　**日足のチャート**は、ローソク足**1本**で**1日の値動き**を表しています。

　**4時間足チャート**は、4時間ごとに1本のローソク足がつくられ、6本で1日分の値動きを見ることができます。1時間足は24本、15分足は96本が1日分の値動きに相当します。

　日足のローソク足1本を見ると、上昇していることはわかりますが、短い時間足で見ると、もっと細かい値動き（ピンクで示した範囲）がわかるというイメージです。

どんな相場でも、買いたい人、売りたい人、買いのポジション
を持っている人、売りのポジションを持っている人たちが、常に
次のようなことを考えながらチャートを見ています。

- どこで売るのがベストか?
- どこで買うと利益が最大化できそうか?
- 早く少ない損失で逃げたい
- この辺りで利確したい
   など…

　さらに言えば、超短期でトレードしている人、デイトレードを
している人、長期でトレードしている人など様々なトレードスタ
イルや戦略を持った市場参加者がいます。

## ÷4時間足チャートでトレードしている人の心理は?

　次のチャートは**ドル円の4時間足チャート**です。1週間分の値
動きの部分に注目してください。

　週初めの月曜日に、タイミングよく買いのエントリーができ、
ポジションを持っていたら順調に上昇しました。金曜日になり、
やや上昇の勢いがなくなってきました。

　ここで、ポジションを週末持ち越さずに利確したいと思う人がい
る一方、まだ買いポジションを引き続き保有する人もいるでしょう。

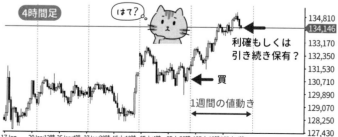

● 4時間足チャートで1週間の値動き

## ÷15分足チャートでトレードしている人の心理は？

　次に、金曜日1日の値動きを表している**15分足チャート**を見てみましょう。先程の4時間足チャートの最後のローソク足6本の値動きにあたる部分です。**15分足のチャートはデイトレードに使われる**ので、デイトレーダーの心理を考えてみましょう。

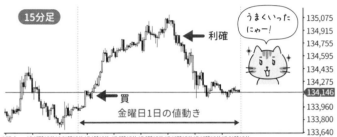

🔗 **15時間足チャートで1日の値動き**

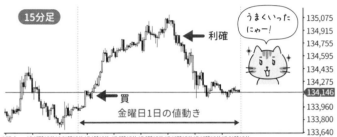

　金曜日の朝、矢印のところで買いエントリーをしたら、順調にドル円は上昇していきました。

　しかし、やや上昇の勢いが弱まり、下落に転じてきました。その日に買いポジションを持った人は、含み益を減らしたくないので利確してきます。その流れから、超短期の売りをするトレーダーさんもいそうです。

　このように、チャートから色々なことが読み取れます。

❶1週間、上昇トレンドが続いたので、利確してくるスイングトレーダーもいるだろう

❷金曜日なので、ポジションを週末持ち越したくないトレーダーは利確するだろう

❸デイトレーダーは、含み益を減らしたくないので、上昇の勢

いが弱まったところで利確するだろう

❹短期で下げてきたので、スキャルピングで売り買いする人も
いるだろう

　このように、見えない市場参加者の立場や心理を考えること
で、ひとりよがりのトレードにならず、**俯瞰して相場全体をとら
える**ことができます。これは利益を継続的に上げるための非常に
重要なポイントです。

大衆心理が読み取れるチャートに親し
みが出てきたにゃん！

その大衆心理を上手に利用して、トレ
ードするのがコツよ。……って、ちょっ
といやらしい人みたいだけど（笑）

## ❷ 相場の動きは３つに分けられる

　相場の動きは次の３つに分けられます。

● 上昇が続く**上昇トレンド**

● 横への推移が続く**レンジ相場**

● 下落が続く**下降トレンド**

🔗 相場の動き３種類

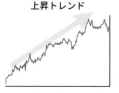
上昇トレンド

レンジ相場（横ばい）

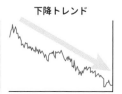
下降トレンド

前の図のように、上昇トレンドは右肩上がりで価格が上昇、レンジ相場は方向感がなく一定の幅で価格が推移、下降トレンドは右肩下がりで価格が下落しているのがわかります。

　FXで**トレンドが出る割合は約30%**ほどで、**約70%はレンジ相場**だと言われています。

　**レンジ相場でのトレード**は、値幅が狭かったり、利確や損切りのタイミングが難しいことも多いので、初心者はトレードを控えた方がいいでしょう。

　上昇トレンドでは買いエントリー、下降トレンドでは売りエントリーでポジションを持ち、トレンドの流れに沿ってトレードをすることを**順張り（トレンドフォロー）**と言います。

　逆に、トレンドに逆らってエントリーすることを**逆張り**といいます。順張り・逆張りに関しては、後で詳しく解説するので、用語だけ覚えておいてください。

## ⚡ ボラティリティが高くなっても冷静に！

　為替相場は、いつも落ち着いた動きをしてるわけではなく、時々、ジェットコースターのように上げ下げが激しい動きになることがあります。

　相場が急上昇したり急落したりすると、1本のローソク足がいつもより長くなります。

　これは、**ボラティリティ（英語ではvolatility）が高い状態**と考えられます。ボラティリティとは、**値動きの振れ幅の大きさ**のことで変動幅のことを指します。略して、ボラが高い・低いと表現することもあります。

　次のチャートはドル円の1時間足チャートです。

　比較的穏やかな値動きをしていましたが、米雇用統計の好結果を受け、利上げ継続期待から急に長い上昇のローソク足が出現し

ました。

　今までのローソク足の長さとは全然違うことがわかります。この時、ボラティリティが上昇したと考えられます。

　その後も、以前より長いローソク足が目立つことから、ボラティリティが高い状態であると言えるでしょう。

🖉 急にボラが高くなったチャート

　ボラティリティが上昇もしくは高い状態の相場は、値幅が大きいので大きな利益が期待できます。

　一方、損切り幅も大きくなるので損失額も大きくなります。つまり、**ハイリスクハイリターン**の状態です。

　ボラティリティが高い相場の時はアドレナリンが出て、「一発稼いでやる！」と思いがちですが、ここは一旦冷静になりましょう。

　ボラティリティに合わせて、レバレッジやロット数を下げるなど、初心者の間は特に**稼ぐことよりリスク管理を優先**しましょう（277ページ参照）。

　「チャンスなのだから、ギャンブルと割り切ってやるならいいのでは？」という人もいますが、運よく大勝ちすると、その経験

が刷り込まれ「次も勝てるのでは？」と、再びギャンブルトレードに臨み、そんな時に限って大負けします。

**運よく大勝したのは実は悪い経験値**であり、悪い習慣が身につくきっかけになりかねません。

レバレッジやロット数を通常より上げたりするような、無茶なトレードはしないほうが身のためです。

### ✢ ボラティリティが高い時間帯と通貨ペア

こういった急激なボラティリティとは別に、一日の中で、ボラティリティが高めの時間帯があります。

**ロンドンとニューヨーク市場のオープン時間が重なった時間帯**、21時以降（冬時間は22時以降）はボラティリティが高くなります。

一方、**日本の早朝の時間帯はボラティリティが低くなります。**

また、ボラティリティが高い特徴をもつ通貨ペアがあります。**ポンドドル、ポンド円、ポンド豪ドルなどのポンド通貨は、ボラティリティが高く、**ハイリスクハイリターンを好むトレーダーには人気があります。

## ◎ 根拠のあるトレードをしよう

初心者にありがちなのは、「テクニカル分析は面倒くさいし、チャート見たら上がってるから、買っておけばいいでしょ」というものです。

確かに、ビギナーズラックで、たまたま勝てることもありますが、この方法では安定して利益を積み上げていくことはできません。

トレード前に決めなければいけないことは、「**どこで損切りして、どこでエントリーして、どこで利確するか？**」です。それを

決めるには、**根拠や裏付けが必要**です。

　いつも同じ根拠や裏付けを持って、トレード判断をし、トレードを実行すれば、安定して利益を出すことができます。

## ❷ テクニカル分析とは？

　テクニカル分析は、**過去の相場の値動きを表したチャート**をもとに、ローソク足や移動平均線といったテクニカル指標（95ページ参照）を活用しながら、「これからの値動きは、どのような動きになりそうか？」をチャートを見ながら分析することです。

　一方、相場分析の手法として、テクニカル分析のほかに、景気動向、金融政策、財政政策等の変化が市場全体にどのような影響を及ぼすのかを分析する**ファンダメンタルズ分析**というものがあります（54ページ参照）。

　先程のドル円の15分足チャートに**移動平均線**というテクニカル指標を加えたのが次のチャートです。

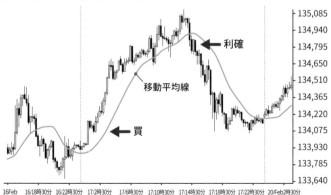

🔗 チャートに移動平均線を追加

移動平均線は、基本、ローソク足が上に位置している場合は上昇トレンド、下の場合は下降トレンドという視覚的に**相場の方向を教えてくれる優秀なテクニカル指標**です。

利確の理由を「やや上昇の勢いが弱まり、下落に転じてきました」と説明しましたが、抽象的で人によって見方が変わりそうです。しかし、利確の理由を「**移動平均線をローソク足が明確に割り込んできたので利確**」と説明したら、誰でも利確の理由が理解できます。

反対に「**移動平均線を下抜けたので売りエントリーをする**」という売るときの根拠にもなります。

確かに、相場の動きはランダムで完璧な予測は不可能ですが、それでも似たようなパターンが繰り返されることがあります。

テクニカル指標を活用しながら、**テクニカル分析していくことで根拠のあるトレード**を行い、**確率的に可能性の高いトレード**をしていくことが重要です。

## ✢ テクニカル分析のメリット

テクニカル分析は、チャートを分析しながら売買を行うので、経済や財政、金融などのファンダメンタルズ分析の知識があまりなくてもトレードして利益を上げることができます。

ただし、チャートだけでは説明できない突発的な動きやだましという一見正しそうで間違った売買シグナルもあるので、注意が必要です。

テクニカル指標を使ってチャート分析ってモカにできるかにゃ？

難しそうに聞こえるけど、テクニカル指標を使うと、さらにチャートが読めるようになるよ。テクニカル分析については、あとで詳しく解説するから大丈夫！

**Point!**　**無機質なチャートのようでも人間味があふれている**

ただの値動きを表しているだけのチャートですが、その値動きを作っているのは、企業、金融機関、個人やプロのトレーダー、AI（プログラミングしているのは人間）などの人間です。

欲、期待、苦しみ、後悔など、様々な市場参加者の心理や行動が現れていると思うと、チャートが生き生きして見えるのではないでしょうか？

そうした様々なトレードスタイルをもったトレーダーの売買の結果がチャートの形となって表れているのです。

これからローソク足やテクニカル指標などを学んで、さらにチャートを深堀りしていくと、チャートにハマるかもしれません。そうなると、毎日のトレードも楽しいものになるはずです。

## SECTION 02 ローソク足は優れもの！

実はローソク足って、江戸時代に相場師の本間宗久（ほんまそうきゅう）が発明したと言われてるの。

それが今では、世界の投資家がローソク足を愛用しているなんて、すごいにゃ！

英語ではCandlestickと呼ばれていて、テクニカル分析に使われているよ。

## まずはローソク足の見方から

ローソク足は、相場の動きがひと目でわかり、テクニカル分析に大いに役立つ基本中の基本となる指標です。

ローソク足1本には、**始値**（はじめね）、**終値**（おわりね）、**高値**（たかね）、**安値**（やすね）という**四本値**（よんほんね）という4つの値が含まれて、その値によりローソク足の形が変わってきます。

また、時間軸で並ぶローソク足の形状パターンは、トレンド把握や転換点のサインとして活用することができます。

## ✛ 陽線と陰線

　価格が上昇して終わった**始値より終値の方が高いローソク足を陽線**といいます。反対に、価格が下落して終わった**始値より終値の方が低いローソク足を陰線**といいます。

　上昇を表している陽線と下落を表している陰線では、始値と終値の位置が逆になるのがポイントです。

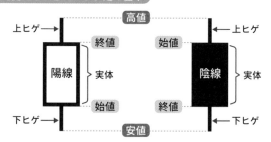

🔗 絶対覚えるべきローソク足の基本

|始値|一定期間の開始時の価格|
|:---:|:---|
|**終値**|一定期間の終了時の価格|
|**高値**|一定期間の一番高かった価格|
|**安値**|一定期間の一番安かった価格|

　ローソク足が「確定」するという意味は、例えば1時足のチャートの場合、1時間が終了すると1時間のローソク足が1本出来上がることを指します。現在、8時なら8時からローソク足が作られ、9時から次の新しいローソク足が作られます。

　**ローソク足の四角の部分を実体**といい、**上や下に実体から飛び出てる線をヒゲ**と呼びます。

　**この実体とヒゲの長さは、テクニカル分析に使える重要な要素になります。**

## ÷ 陽線の動きを見てみよう！

この１本のローソク足は、具体的にはどんな価格の動きを表しているのでしょうか？　まず陽線の動きから見てみましょう。

### 陽線の場合

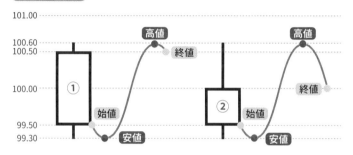

ドル円チャートのローソク足と仮定しましょう。

①の陽線は始値が99.50円、99.30円の安値をつけ、その後100.60円まで上昇し高値をつけた後、終値は100.50円でローソク足が確定しました。

②のローソク足は、①と同じような動きだったのですが、100.60円の高値を付けた後、100円まで下落し終値は100円でローソク足が確定しました。

②のローソク足と比較すると、②のローソク足の方が実体が短く、上ヒゲが長いことがわかります。

これは、**① のローソク足と比較して、上昇への勢いがやや弱いと判断することができます**。

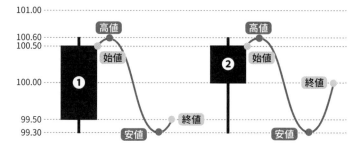

**◎ 陰線の場合**

　陰線の場合、陽線と逆の動きになります。

　①のローソク足は100.50円の始値から100.60円の高値をつけた後、99.30円まで下落し、終値が99.50円でローソク足が確定しています。

　②のローソク足は、①のローソク足と同じ動きだったのですが、安値から反転上昇、終値が100円でローソク足が確定しています。

　①のローソク足と比較すると、**②のローソク足の方が実体が短く、下ヒゲが長い**ことがわかります。

　これは**①のローソク足と比較して下落の勢いがやや弱いと判断することができます。**

　このように、ローソク足の実体やヒゲの長さで、直近の相場の値動きが視覚的にわかるので、テクニカル分析やエントリータイミングにも役立てることができます。

# ⤳ ローソク足の形が相場を物語る？

ローソク足には様々な形がありますが、中でも覚えておきたいローソク足の形を今回は厳選しました。

ローソク足の名前を覚える必要はありませんが、ローソク足の形と意味は覚えておきましょう。

## ✛ 大陽線と大陰線

実体がローソク足のほとんどを占め、ヒゲがないか少しだけある形状のローソク足です。価格が上がったときは**大陽線**、下がったときは**大陰線**と呼ばれます。

ほかのローソク足と比べて、実態の長さが目立っていることがポイントです。

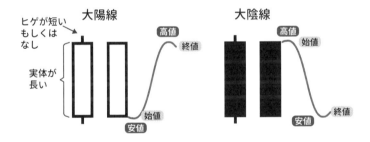

**大陽線の場合、上昇の勢いが強く、その後も上昇が続く可能性があります。**

**大陰線の場合は下落の勢いが強く、その後も下落が続く可能性があることを意味します。**

ただし、高値圏や安値圏でこのローソク足が出た場合は、今までのトレンドが反転することもあります。

## ✜ カラカサ

**下ヒゲが長く上ヒゲのない実体**で、陽線もしくは陰線の実体が短いローソク足です。

相場が下落している時にカラカサが出ると、**反転上昇することが多く、買いエントリーを考える**といいでしょう。

売りポジションを持っている時にカラカサが出たら、利確のシグナルとして使うこともできます。

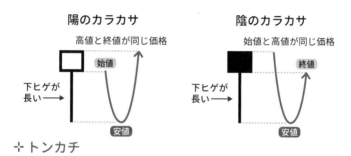

## ✜ トンカチ

**上ヒゲが長く下ヒゲのない実体**で、陽線か陰線の実体が短いローソク足です。

相場が上昇している時にトンカチが出ると、**反転下落することが多く、売りエントリーを考える**といいでしょう。

買いポジションを持っている時にトンカチが出たら、利確のシグナルとして使うこともできます。

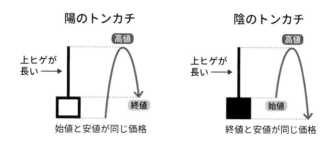

✣ 同時線 （寄引同事線）

　始値と終値が等しい、もしくは非常に近く、実体がほとんどない形をしたローソク足です。

　十字線は、上ヒゲと下ヒゲがあり、**相場が上に行くか下に行くか、迷っている状態です。**

　高値圏や底値圏では、今までのトレンドが反転する可能性が高くなりますが、買いと売りが交錯している状態なので、トレンドが反転しない時は、今までのトレンドが続く場合があります。

　実体がなく始値と終値が同じで、上ヒゲが長いローソク足を**トウバ**と呼びます。

　その反対に始値と終値が同じで、下ヒゲが長いローソク足が**トンボ**です。

🔗 同時線の種類

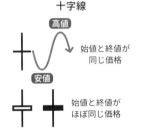

十字線

トウバ

トンボ

始値と終値が
同じ価格

始値と終値が
ほぼ同じ価格

始値と終値と安値が
同じ価格

始値と終値と安値が
同じ価格

　**トウバが高値圏で出た場合は、反転下落する可能性があり、トンボが安値圏で出た場合は、反転上昇する可能性があります。**

# ローソク足の組み合わせにも注目！

ローソク足は1本だけでも分析に役立ちますが、前後のローソク足との組合せで相場の方向性が見えてくることもあります。

## ✛ はらみ足（はらみ線）

上昇相場で大陽線が出た後に、小さい陰線や陽線のローソク足が出た場合、**上昇の勢いは弱まっている**と考えられます。

**はらみ足**は、①のローソク足が②のローソク足の高値と安値をつつんで、母が子供をはらんでいる形に似ていることから付けられた名前です。

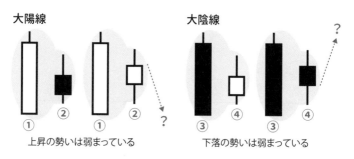

一方、下落相場で大陰線が出た後に、小さい陽線や陰線が出た場合、**下落の勢いは弱まっている**と考えられます。

はらみ足は、③の大陰線が④のローソク足の高値と安値をつつんでいるような形です。

∻包み足（包み線）

　包み足は、①のローソク足を②のローソク足が高値と安値を
つつんでいるような形です。

　**上昇相場で①の陽線が出た後に②の大陰線が出た場合、下落に
転じる**可能性が考えられます。

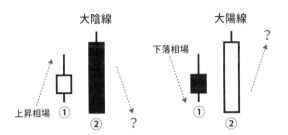

大陰線　　　　　　　　　　大陽線

下落相場

上昇相場　①　　　　　　　①
　　　　　②　？　　　　　　②

　逆に、**下落相場で①の陰線が出た後に、②の大陽線が出た場
合、上昇に転じる可能性**が考えられます。

　他にも様々なローソク足の組み合わせがありますが、実際にト
レードをしながら、少しずつ覚えていきましょう。

## ❷ 長いヒゲは見逃さない！

　ローソク足で常に注目して欲しいことは、ローソク足のヒゲの
長さです。**長いヒゲが出現した場合、相場が動こうとした方向を
否定された**ことになります。

　例えば、上昇トレンドが続いていた時に長い上ヒゲが出ると、
**下降トレンドへの転換**が考えられ、逆に、下降トレンドが続いて
いた時に長い下ヒゲが出ると、**上昇トレンドへの転換**が考えられ
ます。次のチャートはドル円の1時間足チャートです。

STEP
3
ハマると楽しいFXチャート

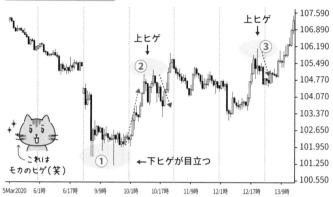

ヒゲと値動きの関係

下落が続いていたドル円ですが、①ではローソク足の下ヒゲが目立ちます。これは、**相場が下落しても上昇の力が強く**、何度も戻されてしまっている状況です。

このような場合は、ここから売ることは避け、むしろ反転上昇するかもしれないと疑うことが大事です。

②では上ヒゲが出てるローソク足が2本あり、**一旦、調整の売り**ですが、**長い上ヒゲ**が出ています。ここも、一旦、**調整の売り**が入るかもしれないと予想できます。

このように、ヒゲの長いローソク足に注目するだけでも、相場の方向性が見えてきます。

**Point!** **ローソク足から相場の状況が読める**

ローソク足の形状や並び、パターンなどを使って、次の値動きがどうなるかを予測するのにローソク足は最強です。
ローソク足は直近の市場参加者の心理を表しているので、トレンドの転換や相場の勢いを読み取ることができます。
ローソク足は、後ほど紹介するテクニカル指標と組み合わせることで、テクニカル分析の精度も上がり、トレードの成績も向上するでしょう。

# トレンドが続くときのチャート

トレンドが出ているチャートを見たら、乗り遅れそうで気持ちがあせるにゃ！

モカにゃん、あせらなくても大丈夫。待った方が、いいエントリーができるよ。

## 🔗 初心者あるある！
## 　トレンドが出てるとあせってエントリー

「さて、トレードを始めよう！」と、チャートを開いたらドル円が勢いよく上昇しています。

「このトレンドに乗り遅れたら、利益を取り損なう！」とあせって買いエントリー。すると、レートは反転下落……なぜでしょうか？

**エントリーすると逆行する**という悩みの多くは、**上昇トレンドで高値掴み、下降トレンドで安値掴み**をしているからです。

トレンドが出ていても、相場は常に上げ下げを繰り返しながらトレンドは継続するので、一本調子で上昇したり下落することはありません。

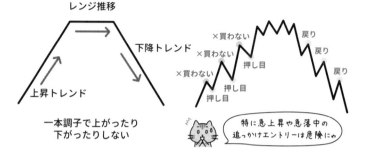

レンジ推移

下降トレンド

×買わない

×買わない

×買わない

上昇トレンド

押し目

押し目

押し目

戻り

戻り

戻り

一本調子で上がったり
下がったりしない

特に急上昇や急落中の
追っかけエントリーは危険にゃ

　トレンドが出ているからといって、衝動的にエントリーしてしまうと、含み損を抱えたり、すぐに損切りになったり、利確がうまくいかない場合が多くなります。

　上昇トレンドであれば**押し目安値**（上昇中の一時的な安値）、下降トレンドであれば**戻り高値**（下降中の一時的な高値）を待ってエントリーすることで、トレード成績が改善されます。

　この「**待つ**」という行為、トレードを始めてみると意外に難しいことに気づきます。

　必ずしも自分がチャートを見ている時に、押し目安値や戻り高値をつけないこともあり、待っている時間が無駄になることもあります。

　そうなると何か損した気分になり、適当なところでエントリーしてしまう悪い癖がついてしまいます。

　さらに、自分なりにテクニカル分析を行い、「ここでエントリーしたい！」と決めていても、例えば上昇トレンドであれば、決めていた価格付近より深く押したり（より下がったり）、浅めに押したり（さほど下がらなかったり）して、自分の分析に自信が持てなくなることもあります。

　そうなると、テクニカル分析に時間を費やしても意味がないと

思いがちです。そういうときは「何か見落としてる部分はなかったのか？」と、もう一度チャートを見返すことが重要です。

　サプライズ的な相場の動きだったのなら、テクニカル分析ではどうにもならない不可抗力だったと納得できるでしょう。

　テクニカル分析と実際のトレードの経験を積むにつれて、次第に**押し目買いや戻り売り**の精度も上がってきます。

　強いトレンドが出ている時は、**テクニカル分析をしながら「待つ」という地味な習慣**をつけましょう。

## 🡥 誰でもできる上昇＆下降トレンドの判断方法とは？

　トレンドと言っても、チャートを見て「なんとなく上がってる」とか「なんとなく下がってる」というような感覚でとらえるのではなく、何か判断基準が欲しいところです。

　上昇トレンドの場合、**高値と安値がそれぞれ切り上げている**チャートを上昇トレンド継続、下降トレンドの場合は、**高値と安値がそれぞれ切り下げている**チャートが下降トレンド継続と判断します。

### 🔗 上昇トレンドと下降トレンド

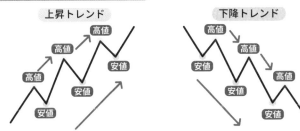

　さて、トレンドが継続しているというのは、どういう状態なのでしょうか？　次の図を見てください。

　**上昇トレンドの場合**、高値❶の後に安値をつけましたが、高

値❶をローソク足が上抜けしなければ、安値は確定しません。というのも、高値❶から反転下落する場合があるからです。

　**高値❶を更新してはじめて高値が切り上がり**、安値も切り上がったので、**上昇トレンドが継続**していると考えられます。

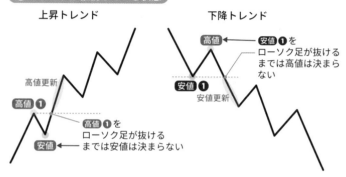

**トレンドが継続している状態**

上昇トレンド　　　　　　　　　　下降トレンド

高値更新

高値❶

高値❶を
ローソク足が抜ける
までは安値は決まらない

安値

高値←

安値❶を
ローソク足が抜ける
までは高値は決まら
ない

安値❶

安値更新

　同じように、下降トレンドの場合は、安値❶から高値をつけ、安値❶をローソク足が下抜けし、**安値を更新してはじめて高値が確定**します。

　**安値が切り下がり、高値も切り下がったので下降トレンドが継続**していると考えられます。

　このように、トレンドを見極めるのは簡単な感じがしますが、これはあくまでトレンドの基本であって、実際にチャートを見ると、ローソク足がごちゃごちゃして、最初は混乱するかもしれません。

　次の下落トレンドから上昇トレンドに転じたユーロドルの１時間足チャートを見てましょう。

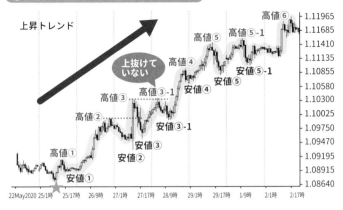

**安値と高値を切り上げる上昇トレンド**

上昇トレンド

上抜けて
いない

高値⑥　1.11965
高値⑤　高値⑤-1　1.11685
高値④　1.11410
　　　　　1.11135
安値⑤-1　1.10855
安値⑤　1.10580
安値④　1.10300
高値③　高値③-1　1.10025
高値②　1.09750
安値③-1　1.09470
安値③　1.09195
高値①　1.08915
安値②　1.08640
安値①

22May2020 25/1時　25/17時　26/9時　27/1時　27/17時　28/9時　29/1時　29/17時　1/9時　2/1時　2/17時

STEP
3
ハマると楽しいFXチャート

　視覚的にも、上昇トレンドであることはわかりますが、安値と高値がきれいに切り上げているのか見てみましょう。

　ひとつひとつの山谷を追っていくと、高値と安値が切り上げていて、上昇トレンドであることがわかります。

　わかりにくい部分もあるので詳しく見てみましょう。

　ローソク足は、**安値②**から**高値②**を上抜けて**高値③**をつけました。その後、**安値③**をつけ反転上昇したのですが、**高値③-1**はほぼ**高値③**と同じ価格で上抜けていません。

　そうなると、この時点で、**安値③**はまだ安値確定ではなく、あくまで安値候補です。その後、**安値③-1**から**高値③-1**を上抜け**高値④**をつけました。これで安値も高値も切り上げたことになり、上昇トレンド継続中であることがわかります。

　その後の**高値⑤**付近の値動きも同じような動きになっています。

　相場の大きな流れを確認するため、チャート上にその流れをマーカーで描いてみると、わかりやすいのでおすすめです。

　次に、下降トレンドのチャートを見てみましょう。ポンドドルの１時間足のチャートで、高値と安値をそれぞれ切り下げ下落し

ているので、下降トレンドであると判断できます。

　このチャート上にも、大きな流れをつかむために、マーカーで
描いてみましょう。

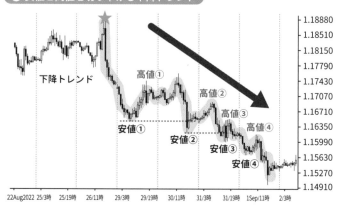
安値と高値を切り下げる下降トレンド

　トレードに夢中になったり、値動きに惑わされると、こういっ
た基本的なことを忘れがちになるので、必ず**チャートの高値と安
値を確認**するようにしましょう。

慣れるとチャートを見た瞬間、高値安
値がわかるようになるからね。

ていねいにチャートを見ていくことを
心がけるにゃん。

## ❷ FXの順張りと逆張りとは？

トレンドが継続していることがわかれば、トレンドの流れにそって、トレードしていきます。

**上昇トレンドの時は買いエントリー**で、**下降トレンドの時は売りエントリー**でトレードする方法を**順張り**といいます。

🔗 順張り

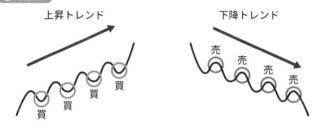

上昇トレンド　　　　　　　　　　下降トレンド

先程のユーロドルのチャートを見てみましょう。上昇トレンドなので押し目買い、つまり安値をつけた後、反転上昇を確認し、買いエントリーをします。

一方、ポンドドルのチャートは、下降トレンドなので戻り売り、つまり高値をつけた後、反転下落を確認し、売りエントリーします。

**順張り**は、**トレンドが続いている限り有効**ですが、トレンド転換時にエントリーすると損切りになったり、レンジ相場になってしまった時は、思ったように利益が伸ばせない場合があります。

**逆張り**は、**トレンドと反対方向にエントリーする方法**です。

相場は上げたり下げたりN字のような形をしながら動いていきます。**上昇トレンドでは高値で売り、下降トレンドでは安値で買う**ことになります。

つまり、押し目や戻りの調整局面でのエントリーを狙っている

わけです。この場合、日足などの長期足チャートで調整局面を狙うほうが値幅が期待できます。

　その他、レンジ相場、トレンド転換を予測した早目のエントリー、相場の急上昇や急落後も、逆張り手法が使えます。

　ただ、逆張りトレードは、**テクニカル分析の精度が高くないうちは、損切り貧乏になる可能性**があります。

　初心者の方は、最初は順張りでトレンドに乗れる練習をしましょう。

---

**Point!**　損切り幅を狭く、利益を大きく狙えるところでエントリー！

FXでは中長期足のチャートでトレンドが出ると、しばらくそのトレンドが続く傾向があります。特に、ファンダメンタルズの要因が後押ししている場合は、長期にわたってトレンドが継続します。
相場は上げ下げを繰り返すので、損切り幅を狭く、利益を大きく狙えるところまで辛抱強く待ってエントリーできるかが、トレード成績を左右すると言えるでしょう。

## SECTION 04 トレンド転換時のチャート

上昇トレンドで買いポジションを持っていたら、いつの間にか下降トレンドになってたみたい。
含み益が減ってしまって残念にゃ。

トレンドが転換したことに気づけないと、モカみたいに含み益を大きく減らしたり、逆にトレンド転換だと思ってエントリーしたら、トレンド継続して損切りになったりするの。

どうやってトレンド転換を見極めたらいいのか教えて欲しいにゃん！

## ⚡ トレードスタイルに合ったチャートはどれ？

　FXトレーダーや市場参加者は、デイトレードやスイングトレードなど様々なスタイルで取引しています。

　トレードのスタイルによって、実際にトレード判断に使うチャートの時間足も違います。

| トレードスタイル | トレンド確認 | エントリータイミング |
|---|---|---|
| ポジショントレード | 週足または月足 | 日足または週足 |
| スイングトレード | 日足 | 4時間足または1時間足 |
| デイトレード | 4時間足または1時間足 | 1時間足または15分足 |
| スキャルピング | 1時間足または15分足 | 1分足または5分足 |

**スイングトレーダー**の場合、**日足チャート**でトレンド方向を確認して、**4時間足**でエントリータイミングを探ることが多くなります。

**デイトレーダー**の場合は**1時間足チャート**でトレンド方向を確認し、**5分足や15分足チャート**でエントリータイミングを探ることが多いでしょう。

とはいえ、他の時間足のチャートをチェックしていないわけではありません。

例えば、デイトレーダーであっても、毎日、日足や4時間足のチャートを確認し、重要な相場のポイントに近づいていないかを見極めます。

## ⬆ トレンド転換を疑えるかどうかが大事！

上昇トレンドの場合、例えば「日足チャートのレジスタンスライン付近で、長いヒゲの陰線のローソク足が出た」や「高値を上抜けられず、レンジになって上値が重い」など、**トレンド転換を疑うサインを見逃さない**ことが大事です。

そのような場合、トレードをせずに様子見したり、買うとしても値幅は期待できないと考えることができます。

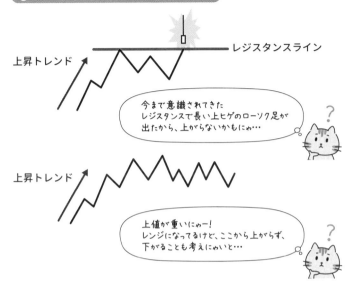

　まず、**トレンド転換を疑うことができれば、無駄にポジション
を持って損切りになることを防ぐ**ことができます。

　ただ、あくまで「疑い」の段階なので、トレンドが強ければ、
そのままトレンド継続になったり、レンジが続いた後にトレンド
継続になることもあります。

　相場に慣れるまで、テクニカル分析をしても見落としが起きて
しまうので、この「疑う」ということができず、「まだまだ上が
る！」と判断してしまうのです。

　覚えておきたいのは、**日足や週足などの長期足のチャートが、
トレンド転換するには数週間から数か月がかかる**場合もあること
です。

　タイタニック号のような大きな船を方向転換するのに時間がか
かるのと同じようなイメージです。

117

1時間足のチャートでは、トレンド転換のサインが出ていても、日足や4時間足など長期足のチャートでは、トレンド継続中の場合があるので、その点は考慮に入れながらトレード判断をしていきましょう。

## 🔘 初心者におすすめ！　ダウ理論を使ってみよう

　初心者にもわかりやすい**トレンド転換を見極める方法**のひとつに**ダウ理論**があります。

　ダウ理論には「**トレンドは明確な転換シグナルが発生するまで継続する**」という法則があります。この法則を使って、トレンド転換を予想することが可能です。

　トレンド転換は今まで継続してきたトレンドが否定された時、「トレンドが転換するかも？」と考えることができます。

　つまり、安値と高値が切り上げている状態が終了した時、下降トレンドの転換が始まる可能性を予測できるわけです。

### ✛ダウ理論でトレンド転換を見極めよう！

　次のチャートはドル円の4時間足チャートです。

　チャートの左側は、安値と高値を切り上げてきていて、上昇トレンドが続いています。

　①で安値が切り下がったものの、まだ高値は切り下げていないので、上昇トレンドの継続が考えられます。

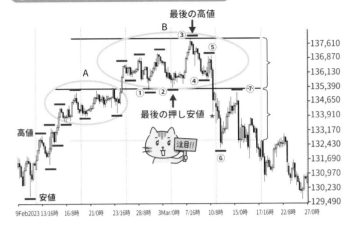

③で前の高値を更新したことで、②が直近の安値になりました。その後、③の高値が更新できず④の安値をつけました。

この時点④では、まだ安値も高値も切り上げている状態ですが、**上昇の勢いが弱くなっている**ことがわかります。

その後、⑤は③の高値を更新できず、最後の押し安値②（最後の高値の前の安値）を抜けて、ローソク足が陰線（★のローソク足）で確定しました。

ここで、高値だけでなく安値も切り下がることになり、上昇トレンドで買いポジションを持っていたトレーダーが利確を始めます。

高値と安値に引いている2本の水平線は、ローソク足がその水平線付近で止まっていることから、意識されている価格帯であることがわかります。

左の楕円形Aのローソク足の並びは、楕円形Bのローソク足の並びに似ていますが、楕円形Aは意識されている水平線を上抜けたことで上昇トレンド継続、楕円形Bは意識されている水平線を

下抜けたのでトレンド転換のサインととらえることができます。

　**トレンド転換で売り**を考える時は、早めのエントリーであれば、**水平線をローソク足が下抜け**（★のローソク足）たのを確認して売りエントリー、その場合の**損切りの位置は⑤の高値の上**におきます。利確は、楕円形Bのレンジ幅と水平線から同じ幅あたりを目処にします。

　**慎重にエントリーをしたい場合**は、水平線をローソク足が下抜けた後、ローソク足が水平線を上抜けないのを確認して⑦で売りエントリー（戻り売り）します。

　この時、損切りの位置は⑤の高値の上に置くか、水平線の上におきます。⑦で売りエントリーをした場合の利確の目安は、⑥の安値あたりになります。

そしたら、下降トレンドから上昇トレンドに転換するときは、逆に考えればいいのかにゃ？

そうそう、下降トレンドから上昇トレンドに転換する場合は、安値と高値の切り下げが終了し、高値と安値が切り上がることで、トレンド転換が判断できるよ。

## ◉ 4つの代表的なチャートパターン

　トレンド転換を見極めるのに、**チャートパターン**を使う方法があります。過去チャートを何度も見ていると、似たようなチャートの形を目にすることがあります。

　このチャートパターンを覚えることで、**トレンド転換のサイン**を見逃さず、エントリー判断に活かすことができます。

　次の4つのチャートパターンは、上昇トレンドから下降トレンドへの転換に現れる代表的なパターンです。

### ◉ 上昇トレンドから下降トレンド転換で見られるチャートパターン

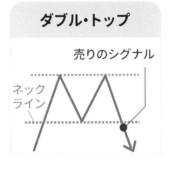

ヘッド・アンド・ショルダー・トップ

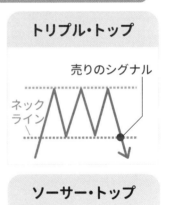

トリプル・トップ

ダブル・トップ

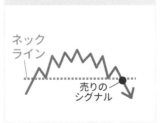

ソーサー・トップ

## ✧ ヘッド・アンド・ショルダー（三尊）

　ヘッド・アンド・ショルダーは、三尊とも呼ばれるパターンで、**小さい山の真ん中に高い山**がある形です。

　**安値①**と**安値②**を結んだ線を**ネックライン**と呼び、ネックラインをローソク足が下抜けると、下降トレンドへの転換サインと判断します。

　**ネックラインをローソク足が下抜けたのを確認してから売り**エントリーをします。

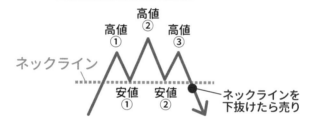

　ヘッド・アンド・ショルダー・トップ

高値①　高値②　高値③
ネックライン
安値①　安値②
ネックラインを下抜けたら売り

## ✧ トリプルトップとダブルトップ

　**トリプルトップ**もヘッド・アンド・ショルダーと似ていますが、高値を2度更新することができず、トレンド転換する形です。

　**ダブルトップ**は2つ山がある形、**ソーサー・トップ**はお皿のようになだらかな山のような形が出ます。

## ÷ 下降から上昇トレンドへの転換の代表的なパターン

　下降トレンドから上昇トレンドへの転換で見られるパターン
は、先ほどのパターンを逆にしたような形になります。

● 下降トレンドから上昇トレンド転換で見られるチャートパターン

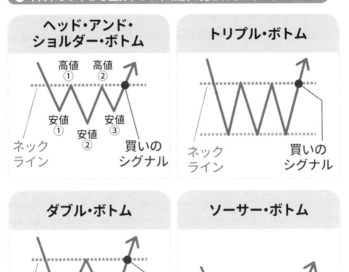

　どの形にも共通していることは、トレンド方向にポジションを
取りたい順張りの市場参加者と、トレンド転換を狙ってポジショ
ンを取りたい逆張りの市場参加者の売り買いの攻防が、パターン
になってチャート上に現れていることです。

　まさに、**勝ち負けの分かれ目はネックライン**と覚えておきましょ
う。

チャートパターンの問題は、チャートに見慣れていない初心者が、チャートパターンを見つけるのは難しいことです。

　やや崩れた形や変形したものが多く、ネックラインもどこに引けばいいのか迷うこともあるでしょう。

　そういう時は、前に紹介した**ダウ理論でトレンド転換を判断**するのがおすすめです。

　さらに、**どういう相場状況でチャートパターンが出たのか**は大変重要なポイントです。

　例えば、日足チャートで下降トレンドが継続中に1時間足チャートでダブルトップが出た場合、このダブルトップの信頼性は高いと考えられます。

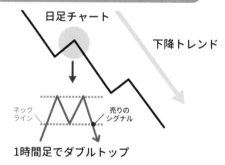

🔗 下降トレンドが継続中にダブルトップが出た場合

日足チャート

下降トレンド

ネックライン

売りのシグナル

**1時間足でダブルトップ**

　一方、次の図のように日足チャートで上昇トレンド継続中に、1時間足チャートでダブルトップが出た場合、一時的にネックラインを割っても、再び上昇トレンドに戻ることもあります。

**上昇トレンドが継続中にダブルトップが出た場合**

日足チャート

上昇トレンド

上昇トレンドに
戻る場合も

ネックライン

売りの
シグナル

1時間足でダブルトップ

　このように同じダブルトップでも、長期足のトレンドによっ
て、意味合いが変わってきます。

　どういう相場環境でチャートパターンが出ているのかを確認し
ながらチャートパターンを活用しましょう。

**Point!　トレンド転換の見極めは、チャートをていねいに見ること**

トレンド転換を見極めるには、チャート上で高値と安値をていねいに
見ていくことが重要です。過去チャートで高値と安値を確認しながら、
トレンド継続とトレンド転換での相場の動きを見ていく練習がおすす
めです。これだけでも、トレンドに逆らったポジションを持つような
ミスが減るはずです。

加えて、ローソク足の形状や、この後に紹介する水平線やトレンドラ
イン、移動平均線などのテクニカル指標を加えることで、より精度の
高いテクニカル分析ができるようになります。

# レンジ相場を
# 味方につけよう！

為替相場では、約7割がレンジ相場で、約3割がトレンド相場と言われているの。

だから、レンジ相場が見極められないと、無駄に買ったり売ったりして、損切り貧乏になることがあるんだにゃ。

相場に慣れてくると、チャートを見ながら「レンジ相場になるかも？」と予想できるようになるよ。

## ⤴ レンジ相場は嵐の前の静けさ？

**レンジ相場とは、通貨の売りと買いの力がほぼ等しく、価格が一定の幅で上下に動く相場状態**のことです。

この一定の幅のことを「レンジ」といい、レンジ相場はこのレンジ内を比較的狭い値幅で行ったり来たりします。

レンジ相場は、「持ち合い相場」、「ボックス圏」、「レンジ推移」、「横ばい」とも表現されます。

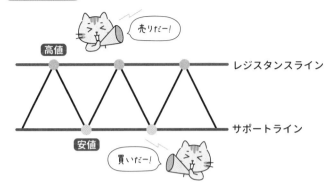

上昇もしくは下降のトレンド相場が続いた後、高値も安値も更新されずレンジ相場になることがあります。

レンジ内では、価格が下落すると買いが入り、価格が上昇すると売りが入る状態が続きます。

しばらくレンジ相場が続くと、ニュースや経済指標の発表などをきっかけに、再びトレンド相場に移行します。

この時、レンジ相場前のトレンド方向が続く場合と、それまでのトレンドが転換する場合があります。

例えば、上昇トレンド相場が続いた後にレンジ相場になった場合、**レジスタンスライン（上値抵抗線）を上抜けると上昇トレンドが始まる**可能性が高いと考えられます。

逆に、**サポートライン（下値支持線）を下抜けると、一旦、上昇トレンドは休息するか、下降トレンドに転換**する場合があります。

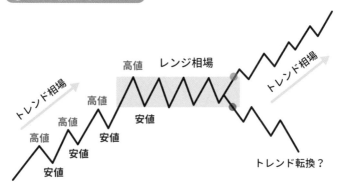

レンジ相場の後は……？

トレンド相場 高値 レンジ相場 トレンド相場

高値 高値

高値 安値

安値 安値

安値 安値

トレンド転換？

　為替相場でレンジ相場になる原因を知っておくと、トレード判断に役に立つので覚えておきましょう。

**❶相場を動かす材料や出来事がなく、市場参加者は「新ネタ」が出るのを待っている状態の場合**、取引量も減り、レンジ相場になることがあります。

**❷雇用統計や政策金利発表などの重要な経済指標の発表前や要人発言の日程前は、**レンジ相場になることがあります。経済指標の結果や要人発言の内容によって、相場が大きく変動することがあるため、市場参加者はポジションを持つことを控えます。

**❸**想定外の出来事や取引量が少ない時間帯のシステム誤発注などで相場が急騰もしくは急落した後も、しばらくレンジ相場が続くことがあります。**市場がショック状態になっているの**で、市場参加者が現状を理解し、落ち着きを取り戻すまで方向感がない動きになります。

❹為替市場がクリスマスホリデーやイースターホリデーなどの祭日中は、市場参加者が非常に少ないため、レンジ相場になることが多いです。取引量の少ない時のレンジ相場は、急に値動きが大きくなることがあるので、注意が必要です。

❺市場参加者の多くはテクニカル分析を使っているため、レジスタンスラインやサポートラインを意識していることから、このラインを抜けるまでレンジ推移になります。

　初心者の頃は、レンジ相場のつまらない動きに退屈してチャートのチェックをさぼりがちですが、チェックしていない間にレンジ抜けして、チャンスを逃してしまうこともあります。

　**レンジ相場は嵐の前の静けさ**だと考え、レンジ相場であってもチャートは必ず確認しましょう。

## ❷ レンジ相場でエントリーチャンスを待つ！

　レンジ相場は、サポートラインに近づくと買いポジション、レジスタンスラインに近づくと売りポジションが入り、ポジションがたまることがあります。

　ある意味、エネルギーがたまっているような状態で、**レンジを上抜けもしくは下抜けした時**は、たまっていたポジションが一斉に決済され、大きく相場が動くことがあります。

　例えば、レンジ相場を上抜けした場合は、売りポジションの損切りが多く発生し、上抜けを狙っていたトレーダーはさらに買いを入れてくるので、大きく上昇することがあります。

　この機会をとらえることが出来れば、大きな利益を狙うことも可能です。

　このような**レンジ抜けを狙ったトレード手法をブレイクアウト手法**といいます。

ローソク足がレジスタンスラインをブレイク、つまり上抜けたら買い、逆にサポートラインをブレイク、つまり下抜けたら売りエントリーをします。

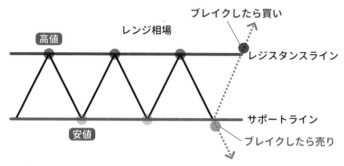
ブレイクアウト手法

　次のドル円チャートで、エントリーができるか見てみましょう。ここではチャートは省略しますが、日足も4時間足チャートも上昇トレンド相場です。

　下図の1時間足チャートを見ると、上昇が続いた後に、●で囲んだところでレンジ推移しています。

ドル円の1時間足チャート

## ✤ ブレイクアウトを確認してからエントリー

この●で囲んだレンジ相場を1時間足チャートにズームインして見てみましょう。

🔗 **ドル円の1時間足チャートのレンジ部分**

高値①から高値②へレジスタンスラインを引き、**安値①**から**安値②**へサポートラインを引き、どちらに上抜けるかチャートを監視します。

ここでは、ローソク足がレジスタンスラインかサポートラインのどちらをブレイクするでしょうか？

チャートを監視していたら、次のチャートのようにローソク足が**レジスタンスラインを上抜け**ました。

ローソク足が**レジスタンスラインの上で確定したのを確認して、買いエントリー**します。

ここでは、ローソク足の終値がレジスタンスラインの上で確定したのを、必ず確認してください。

ローソク足の**上ヒゲだけのブレイクは、ブレイクアウトとみなさない**のでエントリーしません。

この場合、ローソク足はブレイクしたのですが、レジスタンスラインで価格がサポートされるかどうかはわかりません。

### ÷ 損切りの置き方

そのため、**損切り**はレジスタンスラインのすぐ下に置かず、**ブレーク前のローソク足の安値の下**（損切り候補①）に置くといいでしょう。

ただ、○の地点から上昇トレンドが発生したと判断すると、**安値切り上げになる損切り候補②**が、より根拠のある損切りポイントと言えます。このあたりは、自身のやりやすい方を選んでください。

この**エントリーの短所**は、上抜けが「**だまし**」になる可能性があることです。つまり、価格がレジスタンスライン内に戻ってしまい、再びレンジ相場になることを想定しておかなければいけません。

次のエントリー方法は、ブレイクアウトした後にすぐエントリーせず、**レジスタンスラインでローソク足がサポートされるのを**

確認して、**買いエントリー**します。

　次のチャートの⚫️のところで、長い下ヒゲの**ローソク足がレジスタンスラインにタッチ**しています。長い下ヒゲが出たので、価格がサポートされたと判断し、**次のローソク足（矢印）でエントリー**します。

🔗 **レジサポ転換が起きたとき**

　価格がサポートされたことから、**レジスタンスラインはサポートラインに転換（レジサポ転換）したと判断**できるので、**サポートラインの下に損切り**を置きます。

　このエントリーの長所は、だましを避けられる可能性が高いことですが、上昇に勢いがあるとそのまま価格が大きく動いてしまうこともあります。

　最後に、ブレイク狙いの早めのエントリー方法ですが、**損切り幅は小さく、利益幅は大きく狙うことができるという利点**があります。

### ÷3度抜けないときは底堅いと判断する！

　まだ上昇トレンドが続くと予想した場合、レンジ相場のサポートライン付近で早めの買いエントリーをします。

　トレードにおいて**3という数字は重要**で、例えば**サポートラインを3度抜けないと底堅い**と判断するといった使い方ができます。

🔗 **3度抜けないと買い勢力が強い！**

　このチャートでも、**サポートラインを3度トライしてもブレイクできず買い勢力が強い**と考えることができます。

　レジスタンスラインで売りエントリーをしている人も、サポートラインが底堅いことを意識し、下へのブレイクを諦めるでしょう。なるべくサポートライン付近で売りエントリーをすることで、損切り幅を狭くしたい場合、5分足チャートなどの下位足チャートでエントリータイミングを計りましょう。

　ここでの損切りポイントは、レジスタンスラインの下になるので、損切り幅は狭く大きな利益が期待できます。

　横線の安値は、❸から見ると、安値を切り上げているので、

買い勢力が強いと考えられます。

このチャートでは、うまくレジスタンスラインを上抜けましたが、なかなか上抜けない場合は、何度も損切りや建値（ポジションを持った時のレート）で決済することになり、辛抱強さが必要なトレードになる場合があります。

レンジ相場でも、注意深くチャートを見ていくことが大事なんだにゃ。そうすれば、上手にエントリーができて爆益にゃん！笑

どのエントリーも一長一短あるので、自分がやりやすい方法でトライしてみてね。

## ● レンジブレイクでダマされたらダマす！ 倍返しだ？！

レンジ相場のレジスタンスラインもしくはサポートラインをブレイクしたように見せかけて、**再びレンジ内に価格が戻ってきてしまうことを「だまし」**と呼びます。初心者の頃は、この「だまし」に引っかかってしまい、損切り貧乏になることがあります。

例えば、レンジを上抜けたと思って、買いポジションを持ったら、レンジ内に戻ってきてしまい損切り、逆にレンジを下抜けたと思って、売りポジションを持ったら、レンジ内に戻ってきてしまった。これを何度も繰り返していたら、今までの利益を失ってしまうことになります。

では、この**だましを利用する方法**はないのでしょうか？　ダマされたら倍返ししたくなりますよね？　ただ、だましだと思って、なんでもかんでもエントリーするのは意味がありません。

　だましにも入るべきだましがあり、それを見極めるには、相場がどういう状況であるかを理解し、調整の精度の高いテクニカル分析が必要になります。次はポンドドルの1時間足チャートです。

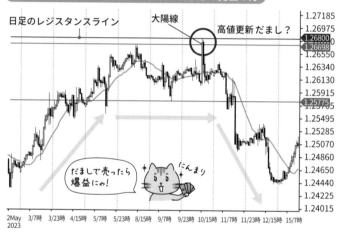

ポンドドルの1時間足チャート　だましの見極め方

　上昇トレンド相場からレンジ相場になり、◯の部分で高値を上抜け、**大陽線のローソク足**が出現しました。ローソク足の終値が直近の高値を上抜けているので、ブレイクに見える形です。

　しかし、実はすぐ上に**日足レベルの強いレジスタンスライン**があり、日足チャートではレジスタンスラインに止められたという状況です。

　ということは、**日足チャートレベルではだましではなかった**のですが、1時間足チャートではだましのようなローソク足の動きになりました。ここで、◯の部分を5分足チャートでズームイン

して見てみましょう。

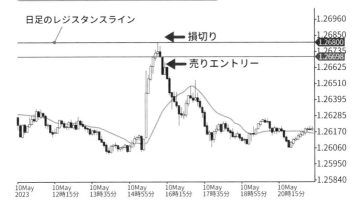

日足のレジスタンスライン ← 損切り
← 売りエントリー

5分足のローソク足が日足のレジスタンスラインでヒゲを出して止められ、陰線が出ています。

その後、2本目の陰線のローソク足が、1時間足チャートのレジスタンスライン内に戻ってきました。

**次のローソク足で売りエントリー**をして、**日足のレジスタンスラインの上に損切り**をおくと、損切り幅は約15pipsぐらいで済みます。

日足のレジスタンスラインは下位足のレジスタンスラインより強いのですが、もちろん突破されることもあるので、エントリーしたらすぐに損切り注文を入れるようにしましょう。

---

**Point!** **レンジ相場で損切り貧乏にならないように……**

トレンド相場で利益を出していても、レンジ相場で無駄なトレードを繰り返し、今までの利益を失ってしまっては元も子もありません。
過去チャートを使って、レンジ相場からトレンド相場に移行する時のチャートの形やローソク足の並びをチェックして、どこでエントリーできそうか探ってみましょう。

STEP
3
ハマると楽しいFXチャート

137

# 押し目買いや戻り売りに使えるフィボナッチ

上昇トレンドなら一時的な下落での押し目買い、下降トレンドなら一時的な上昇での戻り売りができるとトレンドにのれるようになるよ。

でも、チャートを見ていると、どこまで押すのか戻るのか、わからないのが悩みにゃ〜。

前もって、押し目や戻り目の見当がつけば、トレンドが出ても慌ててエントリーしないで「待つ」ことができるよね。そこで、フィボナッチを使って、エントリー判断をする方法があるよ。

## ❼ フィボナッチ比率は美しい？

**フィボナッチ比率**は**黄金比率**とも呼ばれ、人間が美しいと感じるものは黄金比率であると言われています。

黄金比率は、**1：1.618**という比率で、モナリザや波の曲線、ピラミッドなどが黄金比率で成り立っています。

ちなみに、猫が丸くなって寝ているときの形も黄金比率なので、かわいいと感じるとか。

　相場は波のように上下を繰り返し、上昇した波の後は下落の波がきて押し目を作ったり、下落した波の後は、上昇の波が戻り目を作ります。**この押し目や戻り目が、フィボナッチ比率になることが多く、相場のテクニカル分析に広く使われています**。

🔗 **相場のイメージ**

上昇トレンド時のイメージ　　　下降トレンド時のイメージ

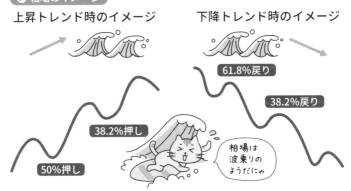

　フィボナッチ比率には、0%、23.6%、38.2%、50%、61.8%、76.4%、100%があります。**押し目買いや戻り売り**には**38.2%、50%、61.8%**が主に使われます。

　50%はフィボナッチ比率ではありませんが、**半値押しや半値戻し**として意識されます。

　**上昇トレンド**の場合、上昇の波の始点（直近安値）から終点（直近高値）を1つの波ととらえ、どれぐらいの比率で下落し、再び反転上昇するかを見極めます。

　**下降トレンド**の場合は、下落の波の始点（直近高値）から終点（直近安値）をひとつの波ととらえ、どれぐらいの比率で上昇し、再び反転下落するかを見極めます。

**⊘ 押しと戻しの比率**

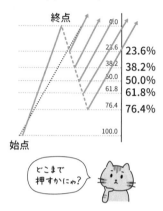

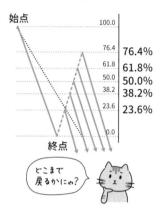

**トレンド転換の可能性**がある場合、**76.4％が意識**されること
もあります。

　例えば、下降トレンドから上昇トレンドに転換する可能性があ
る場合、76.4％と深く押して反転上昇することがあります。

　深く押す理由は、下降トレンド継続と考える市場参加者が売り
を入れるためです。

**76.4％で反転上昇しない場合**は、100％まで押し反転上昇す
ると、**ダブルボトム**を形成する可能性が出てきます。

　100％で価格がサポートされなければ、再び下降トレンド継続
になることもあります。

　フィボナッチを使って、上手に相場の波に乗れるようになる
と、初心者にありがちな高値掴みや安値掴みのエントリーを減ら
すことができます。

初心者の時は、トレンドが強く出ている相場を見ると、乗り遅れたとあせってエントリーしがちだけど、フィボナッチを使って、じっくり待つのが良さそうだにゃ。

乗り遅れたと思って衝動的にエントリーすると、後から損切り幅が大きいことに気がつき、「しまった！」って思うよね。損切り幅を小さく、利確幅を大きくするコツは、押し目や戻り目をしっかり待つことよね。

## 🡥 フィボナッチ・リトレースメントを引いてみよう

**フィボナッチ・リトレースメント**（以下フィボナッチ）は、フィボナッチの比率を使って、**押し目や戻り目を見極めるテクニカル指標**です。

のちに紹介する水平線のように、チャート上にラインが引かれますが、そのラインでピタっと止まることは少なく、ラインを少し超えたり、あるいは届かないこともあります。

テクニカル分析に慣れていないと、「フィボナッチは使えない」と思いがちですが、あくまでラインは目安で大まかにとらえることがポイントです。

フィボナッチは、**チャート上のツールを使って引く**ことができます。上昇トレンドであれば、上昇が始まったローソク足（直近安値）から、上昇が終わったローソク足（直近高値）までフィボ

ナッチを引きます。

　すでにできあがったチャートを見て、フィボナッチを引くのは比較的簡単なのですが、動いているチャートにフィボナッチを引くのは難しいと感じるでしょう。そこで、ひとつの考え方を紹介します。

## ✣押し目買いのポイント

　次のチャートはユーロドルの１時間足チャートです。

　チャートを開いた日を、当日と考えてください。ユーロドルの相場は上昇トレンド継続中で、**押し目買いのエントリー**を見極めようとしています。その場合、前日の直近安値から当日の高値までフィボナッチを引きます。

🔗 フィボナッチを使った押し目買いのポイント

　前日、ニューヨーク市場の時間帯で上昇してきましたが、縦点線でニューヨーク市場も終わり、オセアニア市場、東京市場が始まります。

　通常、ユーロドルは欧州時間に動く通貨ペアで、東京市場の時間帯はレンジ推移になる傾向があります。

そのため、強い上昇を見せた後の東京市場の時間帯では、前日の高値を抜け、引き続き強い上昇を続けることは多くありません。

　そこで、東京市場の時間帯では様子見し、ローソク足の上昇の勢いがなくなったのを確認し、**高値のローソク足までフィボナッチを引きます**。

　欧州時間が始まると、ユーロドルの売買が活発になります。ローソク足がフィボナッチの23.6%を2度割り込んでいますが、終値は23.6%で支えられています。

　その後の大陽線もヒゲが23.6%で支えられ、**押し目買いのポイント**になりました。

## ∴ 戻り売りのポイント

　次は戻り売りの例を見てみましょう。

　ユーロドルの1時間足チャートです。前日、欧州時間に下落したのち戻しが入りました。

　当日、下落が始まった直近の前日高値から、直近の安値までフィボナッチを引き、戻り売りのポイントを見極めます。

### ⊘ フィボナッチを使った戻り売りのポイント

東京市場の時間帯はレンジ推移が多いので様子見し、欧州時間が始まると更に戻りが入りました。

　**フィボナッチの50%が意識され**、ローソク足のヒゲが50%をわずか上抜け、陰線が出現、戻り売りのポイントになりました。

## ↗ テクニカル指標を加えてエントリー根拠を強化！

　フィボナッチに加えて、**他のテクニカル指標を組み合わせる**とエントリー根拠が強まり、エントリー判断がしやすくなります。

### ÷ 上昇相場でのエントリー

　先程のユーロドルの1時間足チャートに、後に紹介する**移動平均線とRSI**というテクニカル指標を加えました。

　移動平均線はラインの傾きでトレンドがわかるだけでなく、移動平均線で価格が止まったり、支えられたりする役目も果たします。

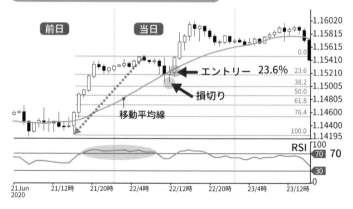

🔗 フィボナッチに移動平均線とRSIも表示

　まず、注目すべき点は、移動平均線が右肩上がりなので上昇トレンドと判断し、**押し目買い**を考えます。

次に**RSI**ですが、これは**相場が買われ過ぎか売られ過ぎかを示すテクニカル指標**で、**70以上は買われ過ぎ**と判断します。

　このチャートでRSIを見ると、●で囲んだところは70以上、1時間足チャートでは買われ過ぎのサインが出ていることがわかります。ということは、ここで一旦、「調整の売りが入るか」「レンジ推移になるか」が予想できます。

　前述したようにフィボナッチを引き、ローソク足の動きを確認してエントリーします。

　ここでは、●の中の**下ヒゲが出ているローソク足の下に損切り**を置き、**次のローソク足の始値でエントリー**するか、**移動平均線を上抜けた時にエントリー**でもよいでしょう。

## ❖下降相場でのエントリー

　今度は、先程の下降相場のユーロドルのチャートに、同じように移動平均線とRSIのテクニカル指標を表示しました。

🔗 **フィボナッチに移動平均線とRSIも表示**

　移動平均線は右肩下がりなので下降トレンドと判断し、**戻り売り**を考えます。

RSIを見ると、●で囲んだところは30になり、売られ過ぎの
サインが出ています。ということは一旦、「買い戻されるか」、
「レンジ推移になるか」が予想できます。

　ここで、気になる ❓ のローソク足ですが、38.2%付近で、し
かも移動平均線で止まっているので売りたくなる場面です。

　ただ、**「欧州市場オープン前であること」「移動平均線にタッチ
したローソク足が陽線」「長い上ヒゲも出ていない」**ことから、
ややエントリーの決め手に欠ける印象です。

　欧州市場がオープンし、ローソク足がフィボナッチ50%を長
いヒゲで上抜けし、しかも前のローソク足の上昇を否定した陰線
が出ました。このローソク足の確定により、売りエントリーの判
断がしやすくなります。

　ここでは、**上ヒゲが長く出ている陰線のローソク足の上に損切
りを置き、次のローソク足の始値でエントリー**するか、**移動平均
線を下抜けた時にエントリー**でもよいでしょう。

　エントリータイミングは、下位足の5分足や15分足チャート
で早めのエントリー判断をすると、損切りの幅を狭く、利益の幅
をより大きくできますが、最初は1時間足のチャートで着実にエ
ントリー判断ができるようにしましょう。

　1時間足チャートでエントリー判断ができるようになったら、
下位足のチャートでローソク足がどのような動きをし、早めのエ
ントリーが可能なのかを検証したり練習してみてください。

**Point!** 　**フィボナッチの引き直しは忘れずに**

フィボナッチは、有効なテクニカル指標ですが、相場は時間とともに
変化するので、高値や安値が更新された場合は、引き直しをすること
が重要です。フィボナッチは、利確の目途に使う方法もありますが、
テクニカル指標と組み合わせながら、まずは押し目買いや戻り売りの
エントリー判断で活かせるようにしましょう。

# 保存版！ よく見られるチャートパターン集

　チャートパターンは、繰り返しチャート上に出現するローソク足のパターンや形のことで、テクニカル分析に大変役に立ちます。

　チャートパターンの数は多いため、全て覚えるのは大変ですが、ここに挙げるパターンは、初心者にも比較的わかりやすく、出現する頻度も多めです。次のパターンはトレンド転換の可能性があるチャートパターンです。

## トレンド転換の可能性のあるパターン

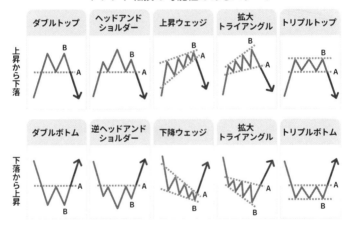

　通常、ライン抜けのAでエントリーしますが、抜けた瞬間に入るのではなく、ラインでの反転を確認してからエントリーしたほうが、だましに合わない確率が高くなります。

　トレードが上達してきたら、Bでエントリーができるよう心がけると、損切りまでの幅が縮小できます。Bでエントリーができるようになるには、実際に動いているチャートを見ながら、パターンが完成する前に、「ダブルトップになりそう？」といったように予測することが大事です。

次のパターンは、トレンドが継続する時のチャートパターンです。

## トレンド継続の可能性のあるパターン

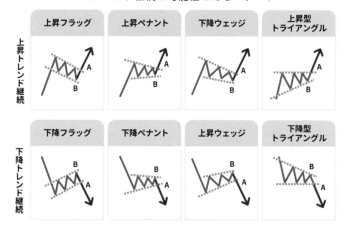

　誰が見てもわかるような、きれいな形が出ている時は、パターンが機能しやすく、あまりきれいではない、微妙な形の場合は機能しにくい傾向があります。

　他のテクニカル分析と組み合わせながら、どういった局面でパターンが表れているかを過去チャートを見ながら検証しましょう。

# STEP

# 4

## FX初心者でもできる
## テクニカル分析

FX初心者でもできるテクニカル分析のコツをお教えします。

テクニカル分析で、買いや売りチャンス、利確、損切りをしっかり見極めましょう。

# 止まる？　抜ける？　レジスタンスラインとサポートライン

いよいよテクニカル分析が学べるなんて楽しみにゃん！

まず最初に、テクニカル分析の強い味方、レジスタンスラインとサポートライン（略してレジサポ）について学ぼうね。

## 🔍 みんなが大注目！　レジサポとは？

チャートを眺めると、「なぜここで価格が止まったんだろう？」「なぜ勢いよく上昇（下落）したんだろう？」という場面を見つけることができます。そんな疑問を持った時、**レジサポに注目**してみましょう。

**レジサポとは、チャート上に引くことができる水平線**です。

レジサポには次の2種類の線があります。

● **レジスタンスライン（抵抗線）**
● **サポートライン（支持線）**

次の図のように、レジスタンスラインは**高値❶**から水平に**高値❷**の方向へ線を引き、サポートラインは**安値❶**から水平に**安値❷**の方向へ線を引きます。

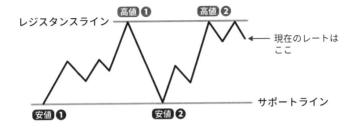

## ÷ レジスタンスラインに向けてレートが上昇すると？

レジスタンスラインは、それが**意識されるとレートが抑えられる**傾向があります。

これは、買いポジションを持っている市場参加者が、レジスタンスライン付近で利確したり、レジスタンスライン付近で新たに売りポジションを持つ市場参加者がいるからです。

## ÷ 逆にサポートラインに向けてレートが下落すると？

サポートラインは、それが**意識されるとレートが支えらえる**傾向があります。

これは、売りポジションを持っている市場参加者がサポートライン付近で利確したり、サポートライン付近で新たに買いポジションを持つ市場参加者がいるからです。

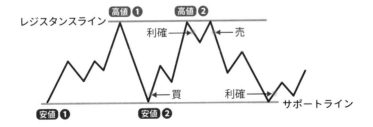

何度もレートがレジサポで意識され、レートが反転した場合、そのレジサポは「強い」レジサポであると考えられます。

　そういった強いレジサポをレートが上抜け（**ブレイク**とも呼びます）した場合、ブレイクした方向にレートが大きく動くことが予想できます。

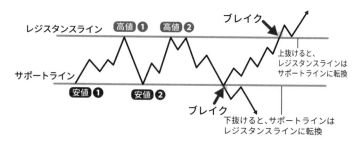

　レートがレジスタンスラインを上抜けると、レジスタンスラインの役割がレートを支えることになるので、サポートラインに転換します。

　逆にレートがサポートラインを下抜けると、サポートラインの役割がレートを抑える役割になるので、レジスタンスラインに転換します。このことを**レジサポ転換**と呼びます。

　レジスタンスラインとサポートラインの間でレートが動いてる間は、レンジ相場と見ることができます。

　そのレンジを上抜けると上昇トレンド、下抜けると下降トレンドに転換する可能性が大きくなります。

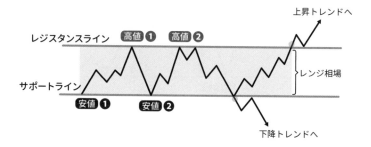

## ❷ 実際にレジサポを引いてみよう！

　実際にローソク足のチャートで、レジサポを引いてみましょう。次のチャートは、ドル円の1時間足のチャートです。

　**レジサポ**は、**ローソク足のヒゲの最先端が高値もしくは安値**になるので、そこから次のローソク足へと水平線を引きます。

　注意しなければいけないのは、レジサポでローソク足がピタッと止まるわけでなく、少しラインからヒゲが出てしまったり、ローソク足がラインに届かないこともあることです。

### ドル円チャートにレジサポを引いてみよう

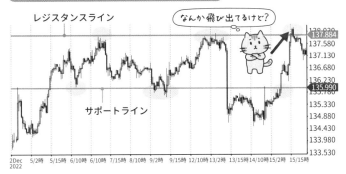

　矢印のローソク足は、レジスタンスラインを上抜けていますが、次のローソク足で再びレジスタンスラインの下に戻ってきています。

　これは、上昇すると見せかけただけの「**だまし**」と呼ばれる動きです。ダマされて買ってしまった人は、レジサポ転換ならず、泣く泣く損切りになる場面です。

　この他に、100円や110円といった**キリ番**も意識されるので、水平線を引いておくと、レジスタンスやサポートの役目を果たすことがあります。

さらに、チャート上で見られる**最高値**や**最安値**、**前日の高値**や**安値**、**押し安値**、**戻り高値**も意識されるので、水平線を引いておきましょう。

　慣れてくると、チャートを見た瞬間、どこが意識されるかがわかり、ささっと水平線が引けるようになります。

　次のような緩やかな上昇トレンドのチャートだと、このように水平線が引け、意識されているポイントが見えてきます。

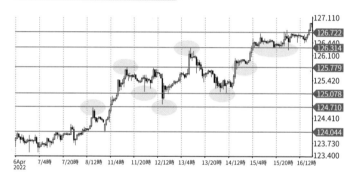

まずは平行に線を引いてみよう

実際のチャートにレジサポを引くのは難しそうだにゃ…

練習だと思って、チャートにどんどん水平線を引いてみよう。そのうち、慣れてくるから大丈夫。引いてるうちに、どのレジサポが意識されているかが、だんだんわかるようになるよ。

# ⊘ 損切りするときのレジサポの使い方

　ポジションを持つ前に必ず決めておくべきことが、**損切りの位置**です。損切りには根拠が必要ですが、**レジサポが損切りの判断基準**になります。

　次のチャートは、ユーロドルの1時間足のチャートです。高値にレジスタンスラインを引いた後、レジスタンスライン付近で売りを考えていたとします。

**⊘ 損切りを決めるためのレジサポの使い方**

　下位足の5分足チャートなどのローソク足が、レジスタンスラインで反転したのを確認し、売りエントリーをした場合、**レジスタンスラインより上に損切り**を置きます。

　このレジスタンスラインで、何度かレートが反転下落しているので、このレジスタンスラインを抜けてしまうと、上昇してしまう可能性が高くなります。

## 🧭 エントリーするときのレジサポの使い方

エントリーポイントの判断にも、レジサポなどの水平線を使うことができます。

次のチャートは、ドル円の1時間足のチャートです。

上昇トレンドで買いエントリーができなかったので、**トレンド転換したら売りエントリーをしたい**と考えていたとします。

### 🔗 エントリーするとき

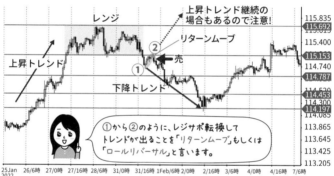

上昇の勢いが弱まってレンジ推移になった後、①でサポートラインをローソク足が下抜けました。その時点で、**上昇トレンドは終わった可能性**があると想定できます。

ここで、サポートラインが**レジサポ転換**し、レジスタンスラインの役割に変わります。この後、ローソク足がレジスタンスラインを超えないのを確認した後、**売りエントリー**をします。

ただ、ローソク足がサポートラインを抜けても、再びサポートラインを上抜け、上昇トレンドが続くことがあるので注意が必要です。これは、**押し目買いのエントリー**ができる絶好のチャンスの場合もあるので、見逃さないようにしましょう。

## ⊘ だましはチャンス！？　レジサポの使い方

　いつも教科書通りにレジサポ転換してくれればいいのですが、一旦、抜けたと思われたローソク足が再び戻ってきてしまうこともあります。いわゆる「だまし」的な動きですが、実は**絶好のエントリーチャンス**になることがあります。

　次は、オーストラリアドル米ドルの１時間足チャートです。下降トレンドからレンジ推移に移行した後、サポートラインを下抜けしました。

　しかし、サポートラインを抜けたローソク足が、再びサポートラインに戻ってきてしまいました。この時、サポートラインの上でローソク足が確定した後、**リターンムーブでレジサポ転換を確認**してから**買いエントリー**をします。

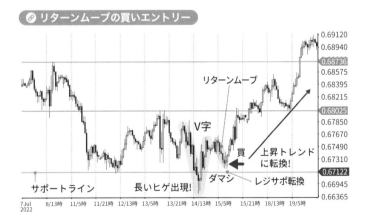

🔗 リターンムーブの買いエントリー

この時のローソク足は、長い下ヒゲが出たり、Ｖ字のような形になったり、だまし後の動きに勢いがつく傾向があるので、過去チャートでだましの動きのあるところを探し、実際トレードする時に活用してみてください。

## ⭐ 利確するときのレジサポの使い方

**レジサポなどの水平線**は、**利確の目安**にも使うことができます。前ページのオーストラリアドル米ドルのチャートを見てみましょう。

先程のだまし出現の後、買いエントリーをした場合、最初の利確目途は次のレジスタンスライン付近①になります。

### 🔗 利確するとき

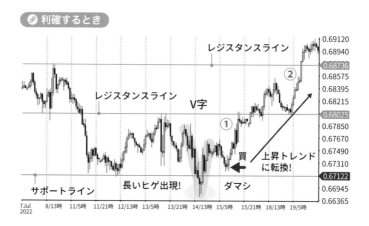

このチャートでは、うまくレジスタンスラインを上抜けしてますが、上抜けずに反転下落することもあります。

①付近で利確しなかった場合、次の**利確目途は次のレジスタンスライン付近**②になります。

ここでの利確戦略のひとつとして、持っているポジションの半分を①で利確し、建値（エントリーした時の価格）に損切りを移して、リスクをゼロにしながら、残りの半分を②で利確するという方法もとれます。

過去チャートを見て意識されているポイントがわかったら、今度は、実際に動いているチャートを見ながら、トレード判断ができるように経験を積んでいこうね！

動いているチャートでトレード判断していくのは練習あるのみだにゃ！

**レシサポはシンプルだけど、強力な武器に**

トレードのエントリー、利確、損切りの場面で、レシサポなどの水平線はシンプルでありながら、強力な判断基準になります。

特に、月足、週足、日足などの長期足で引ける水平線は、下位足で引ける水平線より強力なので、下位足のチャートに長期足の水平線を引いておくことがポイントです。

過去チャートに水平線を引き、水平線付近でローソク足がどのような動きをしているかを見て、気づいたことはトレードに活かせるようにメモしておきましょう。

# トレンドラインで相場の 方向を知ろう！

トレンドラインを引くと、何に役立つ のかにゃ？

トレンドラインを引くと、現時点での 相場の流れがわかるよ。 さらに、ラインで価格を支えたり抑え たりするので、エントリーや利確、損切 りの目安にも使えるので便利よ。

## 🔖 トレンドラインはどうやって引くの？

まずは、トレンドラインの基本的な引き方を覚えましょう。

🔖 上昇トレンドライン

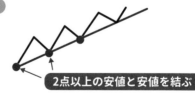

2点以上の安値と安値を結ぶ

　上昇トレンドの場合、チャートで右肩上がりになっている部分 を探します。そして、その部分の最安値、次の安値を見つけ、斜 めにラインで**安値2点を結ぶ**と、**上昇トレンドライン**が引けま

す。３点以上の安値が結べると、トレンドラインの信頼性が上がります。

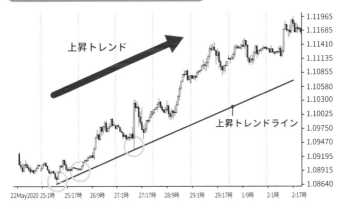

### ⊘ 下降トレンドライン

**2点以上の高値と高値を結ぶ**

　下降トレンドの場合、チャートで右肩下がりの部分を探します。そして、その部分の最高値と次の高値を見つけ、斜めにラインで**高値２点を結ぶ**と、**下降トレンドライン**が引けます。３点以上の高値が結べるとトレンドラインの信頼性が上がります。

　では、実際のチャートでトレンドラインを引いてみましょう。ユーロドルの１時間足チャートに上昇トレンドラインを引いてみました。

### ⊘ 上昇トレンドラインをチャートに引く

上昇トレンド

上昇トレンドライン

1.11965
1.11685
1.11410
1.11135
1.10855
1.10580
1.10300
1.10025
1.09750
1.09470
1.09195
1.08915
1.08640

22May2020 25/1時　25/17時　26/9時　27/1時　27/17時　28/9時　29/1時　29/17時　1/9時　2/1時　2/17時

　最初の○がトレンドが始まる起点で、起点から次の安値を結ぶと、上昇トレンドラインが引けます。

　ローソク足が、上昇トレンドラインの上で推移している間は、

上昇トレンドが続いていると判断できます。

　次はポンドドルの１時間足チャートに、下降トレンドラインを
引いてみました。

**🔗 下降トレンドラインをチャートに引く**

　最初の○がトレンドが始まる起点で、起点から次の高値を結
ぶと、下降トレンドラインが引けます。

　下降トレンドラインの下でローソク足が推移している間は、下
降トレンドが続いていると判断できます。

　このチャートの最後の○で、ローソク足がトレンドラインを
上抜けています。これは、**トレンド転換の可能性**を示していま
す。

　ですが、あくまで「可能性」であり、他のテクニカル分析と組
み合わせて判断することが重要です。

トレンドが出ているから、トレンドラインを引こうとしたんだけど、うまく引けないにゃ。

そういう時は、無理に引くことはないよ。自分勝手に無理に引いてみても、市場参加者が引いていなかったら、そのラインは機能しないからね。

みんなが見ているラインだから機能するのかにゃ？

そうなの。誰が見ても引けるようなトレンドラインは機能しやすいよ。

## ↗ トレンドラインの相棒！　チャネルラインとは？

　**チャネルライン**とは、**トレンドラインと平行な線を高値（もしくは安値）を結ぶように引くライン**のことです。

　トレンドラインを引くことで、はじめてチャネルラインが引けるので、相棒のようなイメージです。

　上昇トレンドの場合は高値、下降トレンドラインの場合は安値に合わせて引くようにします。

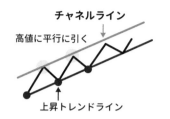

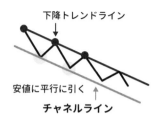

では、先ほどのユーロドルのチャートにチャネルラインを引い
てみましょう。

上昇トレンドにチャネルラインを引く

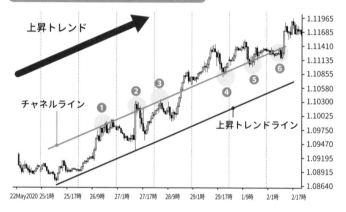

ラインの引き方に慣れていないと、チャネルラインをどこの高
値に合わせたらいいのか迷うこともあるでしょう。

このチャートでは、「チャネルラインを❷に合わせなくていい
の？」と疑問に持つかもしれませんが、チャネルラインを引く時
に、チャートが❸まで完成しているのなら、平行線を❶から伸
ばすと❸に到達します。

後に続く❹、❺、❻のローソク足を見ると、引いたチャネル
ラインが機能していることがわかります。

チャネルラインも、機能しているポイントが多いところに引けているかを確認しましょう。

　このチャートで注目したいのは、ローソク足がトレンドラインから離れ、さらに**チャネルラインも上抜け**ていることです。これは、**トレンドが加速していること**を意味しているので、上昇の勢いが強いと判断することができます。

　次のチャートも、先程のポンドドルのチャートです。チャネルラインを引こうとしましたが、❶の安値から引いても次の安値が見当たりません。

⌨ **下降トレンドにチャネルラインを引く**

そこで、トレンドラインとチャネルラインの真ん中に、もう一本平行に**センターライン**を引いてみました。❷のローソク足がセンターラインにタッチしてますが、あまり機能してないようです。

　このように、機能していない場合は、引く必要はありませんが、ラインを引くことに慣れてない間は、間違っていることを気にせずに、とにかく引いてみることが大事です。

STEP
4
FX初心者でもできるテクニカル分析

165

慣れてくると、自然に機能するところに引けるようになります。

　ローソク足はトレンドラインに支えられながら下落しているものの、センターラインに届くことなく、最後はトレンドラインを上抜けています。

　**これはトレンドが減速している**ことを意味していて、下落の勢いが徐々に弱まっていると判断できます。このようなトレンドの勢いも、ラインを引くことで視覚的に捉えることができます。

ユーロドルのチャートでは、トレンドラインとチャネルラインが引きやすかったけれど、ポンドドルのチャートでは、トレンドラインだけが機能してたね。必ずしも教科書通りにいかないのが相場だということも覚えておいてね。

確かに、全て教科書通りになるなら、みんなトレードで勝てるにゃ～ん（笑）

次のチャートは、トレンドライン、チャネルライン、センターラインがうまく機能しているチャートだよ。
次のユーロドルの４時間足チャートに、トレンドライン、チャネルライン、センターラインを引いてみました。

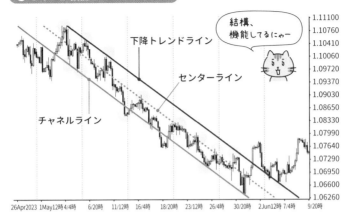

ラインが機能しているチャート

結構、
機能してるにゃー

下降トレンドライン

センターライン

チャネルライン

1.11100
1.10760
1.10410
1.10060
1.09720
1.09370
1.09030
1.08650
1.08330
1.07990
1.07640
1.07290
1.06950
1.06600
1.06260

26Apr2023 1May12時 4/4時　6/20時　11/12時　16/4時　18/20時　23/12時　26/4時　30/20時　2Jun12時 7/4時　9/20時

　下降トレンドが始まったら、最初のローソク足はトレンドラインにタッチしたのですが、その後、センターラインが抵抗線の役目を果たし、ローソク足を抑えていることがわかります。

　チャネルラインを見ると、チャネルラインではローソク足が支えられ、よく機能しています。

　下降トレンドの終わりでは、ローソク足が下降トレンドラインを上抜け、トレンド転換の可能性がうかがえます。今度は**下降トレンドラインがサポートの役割になり、ローソク足を支えているポイントも注目**しましょう。

## ☞ ラインとローソク足だけでトレードできる？

　トレードライン、チャネルライン、センターラインの引き方がわかったところで、実際にどうやってトレードに活かしていけばいいのでしょうか？

　トレンドがきれいに出ているときは、ラインとローソク足だけ

を使って、シンプルにトレードすることも十分可能です。

　先程のユーロドルの4時間足チャートを使って、エントリー、損切り、利確ができるかを見てみましょう。

　まず、**4時間足チャート**は、下降トレンドラインとチャネルラインが引けるので、下降トレンドであることがわかります。

　下降トレンドなので、基本、**売りエントリー**を狙います。エントリーの位置は、なるべくトレンドライン付近まで引きつけることが大事です。

　4時間足チャートだけを見てトレードもできますが、エントリー、利確、損切り、それぞれのタイミングが遅くなってしまうので、1時間足や15分足などの**下位足チャートでタイミングを図る**といいでしょう。

　先程のユーロドルの4時間足チャートの◯で囲った部分を、15分足チャートで見るとこのようになります。

　まず、❶の部分ですが、ポイントは「トレンドラインに近い」「トレンドラインが意識されてローソク足の上ヒゲが3本出ている」ことです。

### 🔗 ユーロドルの15分足チャートでエントリー

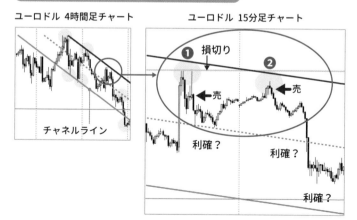

ユーロドル 4時間足チャート　　　　ユーロドル 15分足チャート

チャネルライン

長い上ヒゲのローソク足が確定して、次のローソク足で売りエントリーをしました。損切りは上ヒゲに引いた水平線にします。

　エントリーする際に、必ず決めなければならないのは**損切りの位置**です。

　利確に関しては、あくまで目安でしかありません。この場合、エントリーする時に、センターライン付近で反転上昇することも想定しておく必要があります。

　このトレードでは、損切り幅は約20pips、センターラインで利確する場合は約23pipsです。この場合は、センターラインで反転上昇してしまったので、デイトレードであれば一旦利確します。

　次の❷ですが、再びローソク足がトレンドライン付近まで上昇、さらに先程引いた水平線も上にあるので、上ヒゲが出た陰線のローソク足が確定した後、売りエントリーします。

　念のために、トレンドラインより上の水平線に損切りを置いた場合、損切り幅は約13pipsです。利確をセンターラインにした場合、約38pipsです。

　この❶と❷を比較すると、❷の方が低いリスクで大きな利益を得る可能性があるトレードであることがわかります。

　結果論ですが、❷はチャネルライン付近まで下落しているので、さらに大きな利益を得られるトレードでした。

せっかくラインを引いても、ローソク足がラインの近くまでくるのを待てないで、中途半端なところでエントリーすると、損切り幅が広くなったり、利確の目安までの幅が狭くなってしまうので、我慢強く待つのがコツね！

リスクが低いところでエントリーしたいものだにゃ。

**Point!** **エントリー、損切り、利確のシミュレーションを**

過去チャートで、トレンドライン、センターライン、チャネルラインを引いて、ローソク足のヒゲやローソク足の並びに注目しながら、エントリー、損切り、利確のシミュレーションをしてみましょう。
注意点として、長いヒゲのローソク足が出ても、ライン付近でなければ、エントリーの合図にはならない場合もあります。

# みんなが大好きな
# 移動平均線

移動平均線は、世界中の市場参加者が愛用している有名なテクニカル分析なの。

モカみたいな初心者にも使いやすいのかにゃ？

移動平均線は、使い方もシンプルだし、トレンド方向も一目瞭然！　初心者には、まずチャートに表示して欲しいおすすめなテクニカル指標よ。

そんなに便利な移動平均線なら、早くマスターして使わなきゃ損だにゃん！

## ◎ 移動平均線はトレードの強い味方

　**移動平均線**は、歴史が古く信頼度も高いことから、多くの市場参加者がテクニカル分析に使用しています。

　移動平均線をうまく活用すれば、トレード判断の強い味方にな

ってくれます。

　前述したトレンドラインは、トレンドラインを自分で引くことで、相場の方向性をとらえることができましたが、移動平均線の場合、一旦、チャート上に移動平均線を設定したら、自動で更新されるので大変便利です。

　ローソク足が上下に激しく動いた場合は、短期的な値動きに惑わされてしまいますが、移動平均線はそういったノイズを減らし、なめらかな線をチャート上に表示してくれます。

　次のドル円の１時間足チャートに移動平均線を表示しました。

　移動平均線が右肩上がりに傾いている場合は**上昇トレンド**、右肩下がりに傾いている時は**下降トレンド**と判断できます。

　🔗 移動平均線を表示してみよう

※チャート上の移動平均線は設定値は50の単純移動平均線を表示しています。

　さらに、ローソク足の位置に注目しましょう。

　ローソク足が**移動平均線の上**にある場合は**上昇トレンド**、下にある場合は**下降トレンド**であると判断できます。

　移動平均線はレジスタンスやサポートの役割も果たす傾向があります。チャートの〇の部分では、ローソク足が移動平均線に

支えられたり、抑えられたりしていることがわかります。

　次のチャートもドル円の１時間足のチャートですが、移動平均線が水平になり、ローソク足が移動平均線を上抜けたり下抜けたりしています。

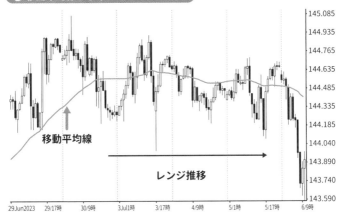

🔗 **移動平均線が水平になるレンジ相場**

移動平均線

レンジ推移

29Jun2023　29/17時　30/9時　3Jul1時　3/17時　4/9時　5/1時　5/17時　6/9時

　移動平均線の傾きが水平になっている場合は、**レンジ相場**であると判断することができます。

　レンジ相場になると、**移動平均線がレジスタンスやサポートとして、ほとんど機能しなくなる**ので注意しましょう。

移動平均線は、トレンドの方向性や強さがわかるので、トレンド系のテクニカル指標に分類されるの。

にゃるほど！　では、もう少し移動平均線について詳しく教えてにゃ。

# ⚡ 初心者でも使いやすい移動平均線とは？

移動平均線は、主に3種類が広く知られています。

## ✣ シンプルイズベスト？　単純移動平均線

1960年代ジョゼフ・グランビルが開発した**単純移動平均線**は今でも多くのトレーダーに愛用されています。

移動平均線は英語で**Moving Average(MA)**といい、**単純移動平均線はSimple Moving Average(SMA)**といいます。

単純移動平均線は、**一定期間の終値の平均値を結ぶ**ことで、なだらかなラインになります。例えば、移動平均線の期間を20と設定した場合、20はローソク足の数を表しているので、ローソク足20本の終値の平均値になります。

次のドル円1時間足チャートに、期間20の単純移動平均線（20SMA）を表示しています。

20本目のローソク足の移動平均線の値（矢印部分）は、過去20本の終値の平均値になります。

### 🔗 単純移動平均線

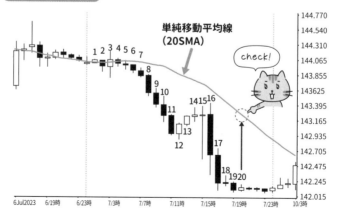

174

ローソク足の1から7は、それ以前のローソク足の終値にあまり変化がないことから、ローソク足が移動平均線に接しています。しかし、ローソク足8以降は、ドル円が下落したことでローソク足の終値も大きく変化し、20SMAの傾きも下向きになっていきます。

　ローソク足20では、20SMAが離れた位置にあり、直近の急な値動きへの反応が鈍く、**ローソク足についていくのが遅く**なっています。

## ✢ 直近の急な値動きへの反応が良い指数平滑移動平均線

　この単純移動平均線の短所を改善する目的で開発されたのが、**指数平滑移動平均線**（Exponential Moving Average、**EMA**と略）です。

　**指数平滑移動平均線**は、**直近の終値に重き**をおいて計算されるので、急な動きでも早く反応するので、好んで使うトレーダーも多くいます。

## ✢ 海外での認知度が高い加重移動平均線

　さらに海外でより知られている**加重移動平均線**(Weighted Moving Average、**WMA**) も**直近の終値を重視**して計算され、早めに反応する移動平均線です。

　先程のチャートに、20EMAと20WMAも追加して、どの程度の違いがあるのか見てみましょう。

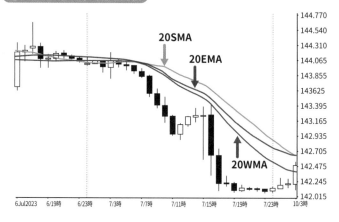

**◎3種類の移動平均線を比較**

　指数平滑移動平均線（EMA）や加重移動平均線（WMA）の方が、単純移動平均線（SMA）より早くローソク足に追いついているので、値動きに早く反応していることがわかります。

　**単純移動平均線**（SMA）は、ラインがスムーズなことから**「だまし」のサインが出にくい**傾向があります。

　**20EMAや20WMA**は、20SMAより値動きに早く反応するので**「だまし」のサインが多く出る傾向**があります。

　見てもわかるように、トレードに影響するような大きな違いはなく、自分が使いやすいと感じた移動平均線を使って問題ありません。

　ただ、初心者には今でも多くのトレーダーが使用している**単純移動平均線（SMA）がおすすめ**です（以下、移動平均線は単純移動平均線（SMA）を使用します）。

## ❷ 移動平均線の期間設定はメジャーなものを！

移動平均線の期間を決めるにあたって、自分勝手に決めるのではなく、多くのトレーダーに使われている期間を使うようにしましょう。

次の期間は、月足、週足、日足、時間足、分足のチャートで一般的に使われています。

長期的に相場を見るなら、
200日移動平均線がおすすめにゃん

### 移動平均線の期間設定

● 超短期移動平均線 ………… 5, 10, 13, 15
● 短期移動平均線 …………… 20, 21, 24, 25
● 中期移動平均線 …………… 48, 50, 75, 89
● 長期移動平均線 …………… 100, 123, 150, 200

STEP

4

FX初心者でもできるテクニカル分析

過去200日の終値の平均価格を表す**200日移動平均線**は、長期的な相場の流れを見るのに適していて、多くのトレーダーが使用しています。

次のドル円の日足チャートに、200日移動平均線（200SMA）を表示しました。

ローソク足が200SMAの下で推移している場合、下降トレンドと判断するので、基本、どこで売りエントリーができるかを考えます。ローソク足が200SMAの上で推移している場合、上昇トレンドと判断するので、基本、どこで買いエントリーができるかを考えます。

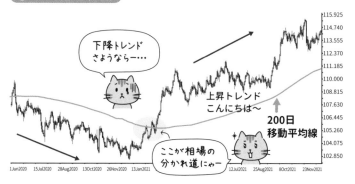

　●で囲んだところは、**200日移動平均線をはさんで売りと買いが交錯**しています。

　ここでは、多くの市場参加者が、200日移動平均線を境に、「今後ドル円は下降トレンド継続か？上昇トレンドへと転換するのか？」と注目した局面で、結果、買い勢力が上回り、**上昇トレンドへ転換**となりました。

　個人的には、移動平均線の設定は次の期間がおすすめです。

● **短期移動平均線**　　20、25
● **中期移動平均線**　　50、75
● **長期移動平均線**　　100、200

　移動平均線は1本でもトレード判断はできますが、2本もしくは3本を使うと、テクニカル分析に役に立ちます。

## ✦ 移動平均線を複数表示する

　次はドル円の1時間足チャートに**3本の移動平均線**を表示しました。

移動平均線の組み合わせに迷うのであれば、短期移動平均線（20SMA）、中期移動平均線(50SMA)、長期移動平均線(100SMA)の3本をチャートに表示してトレードしてみましょう。

### 🔗 移動平均線を組み合わせたチャート

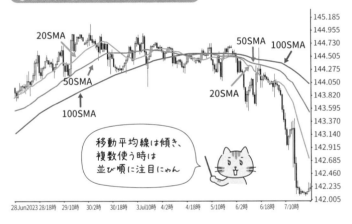

移動平均線は、**傾きの傾斜が急なほどトレンドが強く**出ていると考えられます。

　トレンドが弱まりレンジ相場になると、移動平均線は平坦になり、3本の移動平均線がくっつき合い、ローソク足は移動平均線をはさんで上下に動きます。

　再び、トレンドが始まると、3本の移動平均線が離れていきます。

　ちなみに、**上昇トレンド相場**の場合は、移動平均線の並びが、上に短期移動平均線、真ん中に中期移動平均線、下に長期移動平

均線の順に並びます。

　**下降トレンド相場**の場合は、上に長期移動平均線、真ん中に中期移動平均線、下に短期移動平均線の並びになります。

　この並びのことを**パーフェクトオーダー**と呼び、強いトレンドが出ていることを表しています。

　ということは、このパーフェクトオーダーが崩れた時に、**トレンド転換する可能性**があるので、ポジションを持っている場合は利確をしたり、トレンド転換時にエントリーができるようチャートに注目しましょう。

## 🔖 ゴールデンクロスとデッドクロスのサインを見逃さない！

　初心者にもわかりやすい売買サインのひとつに、**ゴールデンクロス**と**デッドクロス**があります。

　チャートに移動平均線を複数表示することで、視覚的にエントリーポイントを捉えることができます。

### ✣ 買いのサインはゴールデンクロス

　**ゴールデンクロス**は、短期移動平均線が中期・長期移動平均線を下から上に突き抜けてクロスすると、買いのサインになります。その際、ローソク足は短期移動平均線の上に位置しています。ゴールデンクロスは、下降トレンドから上昇トレンドに転換する可能性がある時に見られます。

### ✣ 売りのサインはデッドクロス

　反対に、**デッドクロス**は、短期移動平均線が中期・長期移動平均線を上から下に突き抜けてクロスすると、売りのサインになります。

その際、ローソク足は短期移動平均線の下に位置しています。デッドクロスは、上昇トレンドから下降トレンドに転換する可能性がある時に見られます。

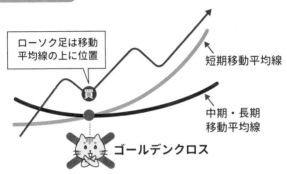

**ゴールデンクロス**

ローソク足は移動平均線の上に位置

買

短期移動平均線

中期・長期移動平均線

ゴールデンクロス

**短期移動平均線が、中期・長期平均線を下から上に突き抜けクロス**

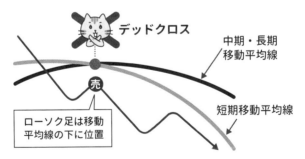

**デッドクロス**

デッドクロス

中期・長期移動平均線

売

短期移動平均線

ローソク足は移動平均線の下に位置

**短期移動平均線が、中期・長期平均線を上から下に突き抜けクロス**

## ÷あくまで売買サイン、他のテクニカルと組み合わせて

とても便利な売買サインですが、いくつか注意点があります。ゴールデンクロスやデッドクロスは**あくまで売買サイン**なので、絶好のエントリー機会であることもあれば、エントリーには早すぎたり遅すぎたりということもあります。

クロスしてからすぐにトレンド転換すればいいのですが、レンジ相場になってしまい、移動平均線が絡み合ってしまうと、わかりやすいクロスは出なくなってしまいます。

ゴールデンクロスやデッドクロスは、あくまで売買サインであり、エントリーする場合は、**他のテクニカル分析と組み合わせて判断していくことが重要**です。

## 🔗 移動平均線を使ってトレードしてみよう！

先程のドル円の1時間足チャートを使って、**トレンド転換を狙った売りエントリー**ができるか考えてみましょう。

### 🔗 移動平均線を使ったトレード

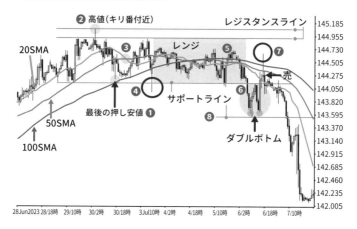

## ✢上昇相場からレンジ相場へ

　チャートの左側は、移動平均線が**パーフェクトオーダー**を示していて、**上昇トレンドだったことがわかります。**

　145.00円の**キリ番**（切りの良い数字）❷で長い上ヒゲの陰線のローソク足が出現し、145円が意識されていることがわかります。

　この後、145円の高値から下落、最後の押し安値❶付近がサポートになり、20SMAと50SMAのデッドクロス❸が出ました。

　ただ、この時点では、ローソク足の下には100SMAがあり、サポートの役目をすることも考えられます。

　この後、サポートラインでは、長い下ヒゲのローソク足❹が出て、買う勢力も強いと思えます。移動平均線も集束してきて、**レンジ相場に移行**していることがわかります。

　この辺りで、トレーダーが考えることは、「このレンジを上に抜けるのか？　それとも下に抜けるのか？」なので、ローソク足がレジスタンスラインとサポートラインに挟まれて、どのような動きをするかに注目します。

## ✢下降トレンドへの転換で売りエントリー

　❺あたりのローソク足を見ると、上への勢いが少しずつ弱まってきているのがわかります。

　そして、❻で**サポートラインを下抜け安値を更新**、下降トレンドに入る可能性が高まったと言えます。

　買いポジションを持っているトレーダーは、有利なところで利確したいと考え始めます。

　一旦、ローソク足がサポートを抜けたので、売りを狙うトレーダーは、サポートライン近くで戻り売りをしかけます。同時に、

買いポジションを持っていたトレーダーは、サポートライン付近で利確してきます。

その後、一旦、**ダブルボトム⑥**をつくり上昇しましたが、長い上ヒゲのローソク足⑦が出たので、ここからの買いは難しい状態です。

さらに、移動平均線の傾きも下向きになり、**下降トレンドのパーフェクトオーダーを示しているので**、⑦のローソク足が確定した後、矢印のローソク足で**売りエントリー**ができます。

**損切り**は、⑦のローソク足のヒゲ上におき、利確はトレードスタイルによりますが、**デイトレードなら安値の⑧、スイングトレードならパーフェクトオーダーが崩れた時点で利確**でもよいでしょう。

---

**Point!** 　**視覚的にわかりやすい移動平均線**

移動平均線は、視覚的にトレンド方向をとらえることができ、トレード判断におすすめです。

わかりやすいとはいえ、実は奥が深いテクニカル指標なので、ローソク足と移動平均線の位置関係や移動平均線の傾きなど、ていねいに見ていくようにしましょう。

そして、レジサポや高値安値の切り上げや切り下げ、ローソク足のヒゲや動き、この後に紹介するオシレーター系のテクニカル指標（買われ過ぎや売られ過ぎを示す）と組み合わせて使うことで、さらにトレード判断の精度も上がっていきます。

# 統計学を使った
# ボリンジャーバンド

なんだか難しそうなテクニカル指標の
名前がでてきたにゃ〜。

モカにゃん、大丈夫！移動平均線と同
じように、FXトレーダーに人気のある
テクニカル指標よ。略して「ボリバン」
って呼ばれたりするけど、なかなかの
優れものだから知っておこうね。

## ⤤ ボラティリティーを予測するボリンジャーバンド

**ボリンジャーバンドは**、統計学の標準偏差を使って、価格の変
動幅を予測するテクニカル指標で、1980年代に米投資家のジョ
ン・ボリンジャーが考案しました。

　ボリンジャーバンドには、価格の**ボラティリティー（変動幅）
を予測**し、価格の変動幅が大きくなったり、トレンドが強く出て
いる時にはバンドが広がり、価格変動が小さいときやトレンドが
出ていない時は、バンドが縮小する特徴があります。

　ユーロドルの15分足チャートにボリンジャーバンドを表示し
ました。

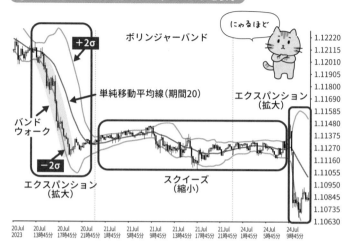

**15分足チャートにボリンジャーバンドを表示**

ボリンジャーバンド

+2σ

単純移動平均線(期間20)

バンド
ウォーク

−2σ

エクスパンション
(拡大)

にゃるほど

エクスパンション
(拡大)

スクイーズ
(縮小)

1.12220
1.12115
1.12010
1.11905
1.11800
1.11690
1.11585
1.11480
1.11375
1.11270
1.11160
1.11055
1.10950
1.10845
1.10735
1.10630

20 Jul
2023

20 Jul
13時45分

20 Jul
17時45分

20 Jul
21時45分

21 Jul
1時45分

21 Jul
5時45分

21 Jul
9時45分

21 Jul
13時45分

21 Jul
17時45分

21 Jul
21時45分

24 Jul
1時45分

24 Jul
5時45分

24 Jul
9時45分

　ボリンジャーバンド開発者のジョン・ボリンジャーは、**標準偏差±2σ（シグマ）の表示を基本**にしています。

　この**±2σのバンド内に収まる確率**を計算すると、**約95.44%**とになることが証明されています。

　つまり、ローソク足の動きがこのバンド内に収まる確率は、約95.44%ということになります。

　ボリンジャーバンドの真ん中の線は、**中心線（ミッドバンド）**と呼ばれ、**期間20の単純移動平均線**が使われています。この期間設定は、変えることができますが、世界中のトレーダーが利用しているオンライン取引プラットフォームのMT4では、ボリンジャーバンドのデフォルトは20に設定されているので、変更しなくても大丈夫です。

　チャート左側は、価格が大きく下落したことから、**バンドの両端が上下に拡大（エクスパンション）**して、トレンドが出たことを示しています。

引き続き、**ローソク足がバンドの−2σに沿って下落**していることがわかります。**これをバンドウォーク**と呼び、強いトレンドが出ている時はバンドの縁にローソク足が接して動きます。

下落の強さが収まってくると、ローソク足はバンドの縁から離れていきます。

下落の勢いが弱まるにつれて、**拡大していたバンドが縮小（スクイーズ）**され、**レンジ相場に移行**したことがわかります。

チャート右側では、再び下落が始まり、エクスパンションが起きています。

## 🔰 ボリンジャーバンド、王道のトレード方法とは？

**ボリンジャーバンドをトレード判断の中心にする場合、標準偏差±2σだけでなく、±1σや±3σを表示することも可能**です。

ボリンジャーバンドは、標準偏差と正規分布の考え方に基づいていて、±1σ、±2σ、±3σのバンド内にローソク足が収まる確率が算出されています。

**◎ バンド内に収まる確率**

 ±1σのバンド内に収まる確率……68.26%

 ±2σのバンド内に収まる確率……95.44%

 ±3σのバンド内に収まる確率……99.73%

つまり、バンドの外に価格が突き抜けた場合は、価格が行き過ぎ（**オーバーシュート**）の異常値を示したと考えられます。

そういった局面で逆張りをするトレーダーもいますが、ボリンジャー開発者は、**順張りで使うテクニカル指標**であると説明しています。

先程の15分足のユーロドルのチャートに3種類のバンドを表示しました。

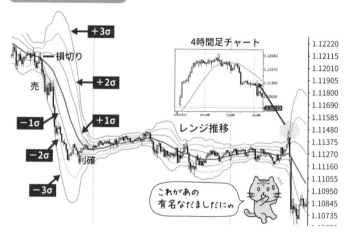

一番外のバンドが±3σ、真ん中の点線のバンドが±2σ、中心線の次のバンドが±1σになります。

**バンドが上下に拡大したら順張りでエントリー**するという方法がボリンジャーバンドの王道の使い方です。

ユーロドルのチャートの左側で、ボリンジャーバンドの上下が拡大したのを確認してから**売りエントリー**をし、**損切りポイントは中心線の上**、そして**中心線にタッチしたら利確**という使い方もできます。

次のボリンジャーバンドの拡大は、レンジ相場の後に見られますが、一度、＋3σを突き抜けた後に反転下落しています。

これが、いわゆる**だまし**と言われる動きですが、その部分を4時間足のチャートで見てみると、矢印で示したローソク足は移動平均線（SMA20）の下に位置しているので、上への急な動きが見られても、「本当に上昇するのかな？」と疑うべきポイントで

す。

　このだましが出ても、4時間足チャートを確認していれば、買いエントリーは見送ることになるでしょう。

　思わず買いエントリーをしてしまっても、だましだとわかれば損切りをすればよいだけのことです。

　損切りになった後も冷静に値動きを確認し、中心線付近から売りエントリーをしても十分間に合います。

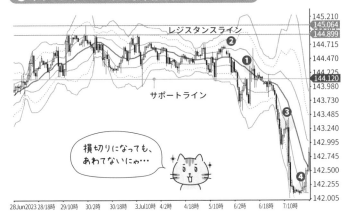

**🔗 ボリンジャーバンドと水平線を組み合わせると？**

レジスタンスライン

サポートライン

損切りになっても、
あわてないにゃ…

145.210
145.064
144.899
144.715
144.470
144.225
144.120
143.980
143.730
143.485
143.240
142.995
142.745
142.500
142.255
142.005

28Jun2023 28/18時 29/10時 30/2時 30/18時 3Jul10時 4/2時 4/18時 5/10時 6/2時 6/18時 7/10時

　前節で使ったドル円のチャートから移動平均線は削除して、ボリンジャーバンドと水平線を表示してみましょう。

　チャートの右側で、ローソク足がサポートラインを下抜けた時に、バンドの上下が拡大してます。ここで、レジサポ転換が起きるのかを確認します。

　サポートラインでローソク足が止まったので、レジサポ転換と判断し売りエントリーを仕掛ける人もいますが、残念ながら、ダブルボトムの形で上昇してしまいました。

　サポートラインの上に損切りを置いている場合は、❶の陽線

で損切りなってしまいます。

　仮に、直近高値の❷の上に損切りを置いていたら、損切りにならなかったわけですが、その場合、エントリーから損切りまでの幅が大きくなります。

　この辺りは、リスク許容度、トレード手法やスタイルによって異なり、正解不正解はありません。

　損切りをサポートラインの上に置いた場合、損切り幅は狭いので、再度、売りエントリーをしても利益を残せる可能性が大きくなります。

　**売りエントリーをした場合の利確**は、中心線か−１σあたりがよいでしょう。

　❸ではポジションの半分利確、❹で残りの半分を利確するといった**分割利確**もおすすめです。

---

**P**oint!　**ボリンジャーバンドで、転換ポイントも察知**

ボリンジャーバンドは、バンドを突き抜けることで価格の行き過ぎも把握できるので、±3σを大きく抜けたポイントが、相場の節目（長期足の強い水平線やキリ番など）と重なっている場合、相場が反転することもあります。
このような転換ポイントを察知するには、次節で紹介するRSIとの組み合わせもおすすめです。

# RSIで相場の行き過ぎを見よう

FX市場でも、相場が過熱して、上昇しすぎたり下落しすぎたりすることがあるの。そういう時の「買われ過ぎ」や「売られ過ぎ」のサインを出してくれるのがRSIというテクニカル指標よ。

FX初心者だと、急上昇している相場で「もっと上がる」と思い、高値で買ったしまい、その後下がってしまって、損を出すことが多いにゃ。

いわゆる、「高値掴み」や「底値売り」の回避にも使えそうね。

## ◎ 相場の転換を予測するRSIとは？

テクニカル指標には、移動平均線のようにトレンドの方向性を示してくれる**トレンド系**や、**RSI**のように**相場の勢いの強弱**を教えてくれる**オシレーター系**があります。

オシレーター系のテクニカル指標の中でも、RSIは初心者が使いやすいだけでなく、多くのトレーダーがトレード判断に活用し

ています。

**RSI**は、Relative Strength Indexの英語の略で、相対力指数
と訳されています。

これは、相場の過熱度を0％から100％の範囲で示し、**70%
以上の場合は買われ過ぎ、30%以下の場合は売られ過ぎ**と判断
します。

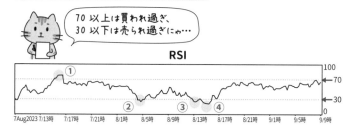

RSIのデフォルトが14に設定されていますが、日足チャート
にRSIを設定した場合、直近14日間の価格変動に基づいて、上
昇と下落の平均を計算しRSIが算出されます。

つまり、1時間足チャートの場合は、直近14時間（14本のロー
ソク足）をもとに計算するので、チャートの時間足によって
RSIの数値は変化します。

RSIの①では、ラインが70以上に到達し「買われ過ぎ」のサ
インが出ているので、**売りエントリーのチャンス**があると判断し
ます。一方、②、③、④ではラインが30以下に到達し、「売ら
れ過ぎ」のサインが出ているので、**買いエントリーのチャンス**が
あると判断します。

先程のRSIは、ポンドドルの15分足チャートに表示したもの
だったので、ローソク足を追加して、チャートに一緒に表示して
みます。

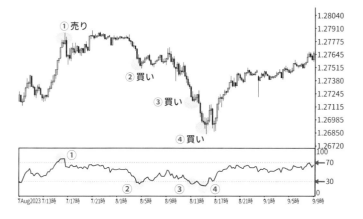

RSIとローソク足を合わせてみよう

　RSIの①で「買われ過ぎ」のサインが出たところが、①のローソク足付近になります。ここでRSIのサインだけで売りエントリーをした場合、レンジ相場がしばらく続いた後に下落に転じたので、利確できていたでしょう。

　しかし、②と③のRSIの「売られ過ぎ」のサインで買いエントリーをすると、損切りになってしまいます。

　RSIの④の「売られ過ぎ」サインで買いエントリーをした場合は、上昇に転じたので利確できたはずです。

　このように、RSIだけでトレード判断するのではなく、他のテクニカル指標を組み合わせてテクニカル分析の精度を上げる必要があります。

## RSIを組み合わせてトレードしてみよう！

　今まで習ったテクニカル指標とRSIを組み合わせて、トレードできるか見てみましょう。先程のチャートにボリンジャーバンド（±2σ）と水平線を追加してみました。

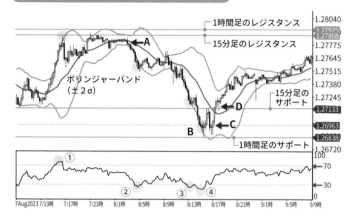

**RSIにボリンジャーバンドと水平線を追加**

RSIの①で「買われ過ぎ」のサインが出たところでは、ローソク足は長い上ヒゲを出しています。

上に控えている1時間足チャートのレジスタンスラインが意識されているようです。ただ、ローソク足がボリンジャーバンドの中心線の上に位置しているので、上昇の勢いが弱まるのを待ちたい場面です。

上昇の勢いが弱まるにつれ、レンジ相場に移行し中心線の傾きも平坦になってきます。中心線がやや下向きになったところで、ローソク足が中心線を下抜けました。

そこで、**A付近で売りエントリー**、損切りは15分足チャートか1時間足チャートのレジスタンスラインの上に置きます。

利確は、トレードスタイルや手法によりますが、RSIの②、③、④で**「売られ過ぎ」**のサインが出ているので、利確の目途として使うことができます。

Bでは、1時間足のサポートラインで長い下ヒゲのローソク足が出ていて、ボリンジャーバンドの−2σにも反応し、RSIの④も**「売られ過ぎ」**のサインが出ています。

このように、テクニカル指標でトレンド転換の兆候がいくつも見られたら、あとはエントリーのタイミングを考えるだけです。

## ÷どこでエントリーできるか考えてみよう

1時間足チャートのサポートの下に損切りを置くことを考え、**どこで買いのエントリー判断ができるか**探ってみましょう。

早めのエントリーであれば、1時間足の**サポートを2度トライした後のCあたり**か、より確実なところであれば、ダブルボトムからボリンジャーバンドの中心線を上抜けた後、**押し目のDがエントリー候補**になります。

早めにエントリーをする場合、損切り幅が狭くてすむ一方、Cでエントリーした場合、ボリンジャーバンドの中心線がレジスタンスになり、再び下落が続くことも考えられます。

Dでのエントリーは、Cのエントリーより損切り幅が大きくなりますが、中心線を上抜けたことから、反転上昇の確率はCのエントリーより高いと考えられます。

どちらのエントリーも一長一短があるので、自分が判断しやすいと思う方法で問題ありません。

## 🔄 勢いが弱まってる? RSIダイバージェンスとは?

RSIは、通常、価格と同じ方向に動きますが、たまに見られる**ダイバージェンス**（Divergence）という状態は、**価格とRSIが逆方向に動きます**。この状態が見られると、**トレンド転換が起きる**可能性が考えられます。

つまり、価格が上昇、RSIは下落している場合、トレンドが上昇から下落に転じる可能性があり、価格が下落、RSIは上昇している場合、トレンドが下落から上昇に転じる可能性があることを示しています。

次はユーロドルの1時間足チャートです。上昇トレンドが続い
て●のローソク足のところでも上昇が続いていますが、**RSIは下
落（ダイバージェンス）が見られた後、価格は下落**に転じました。

RSIダイバージェンス

価格は上昇

下降トレンド

ローソク足は上昇してるけど、
RSIは下がってる…

…ということは、
トレンドが転換するかも!?

上昇トレンド

RSIは下落

　他のテクニカル指標もトレンド転換の可能性を示していた時
に、RSIのダイバージェンスも見られれば、トレード転換の可能
性がさらに高くなります。

　ただ、他のテクニカル指標のサイン同様、ダイバージェンスが
出ても、だましのサインであることがあるので、必ず他のテクニ
カル分析と合わせて判断することが大事です。

**Point!**

**RSIは順張りでも使える！**

RSIは、逆張りで使うのが一般的ですが、順張りで使うこともできま
す。トレンド相場での押し目買いや戻り売りのポイントを探る場合、
RSIの約50％がガイドラインになります。
フィボナッチやレジサポなどを使いながら、押し目買いや戻り売りを
する場合、RSIの数値も参考にしてみるといいでしょう。

# 売買タイミングがわかる MACD

MACDは、トレンド系とオシレーター系両方の性格を持っているテクニカル指標なのよ。

ということは、相場の方向性と相場の勢いの両方がわかるんだにゃ！

そうなの、両方の特徴を持ち合わせているので、多くのトレーダーが活用しているのよ。

## ⬆ マックディーと呼ばれるMACDとは？

トレーダーに人気のある**MACD**(Moving Average Convergence Divergence)は、日本語では**移動平均収束発散法**と訳されています。

MACDには、**MACDラインとシグナルラインの2本の線**が表示されます。

**MACDライン**は、短期の移動平均線と長期の移動平均線の差を示すラインになります。

短期の移動平均線は、指数平滑移動平均線（EMA）で12に設定、長期の移動平均線は、指数平滑移動平均線（EMA）で26にデフォルト設定されています。

もう1つの**シグナルライン**（SIG）は、MACDラインの指数平滑移動平均線（EMA）で、通常、設定は9になっています。これらの設定は変更できますが、一般的に使われているデフォルト設定を使うことをおすすめします。

この設定の数値は、移動平均線と同様、日足チャートの場合は日数を意味し、設定が12であれば12日（ローソク足12本）となり、1時間足チャートの場合は時間数を意味し、12時間（ローソク足12本）となります。

### 🔗 MACDとSIG

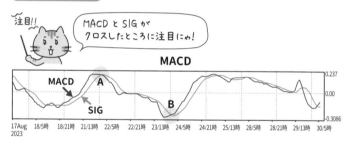

MACDは移動平均線の性質もあわせ持っているので、MACDとSIGがゼロのラインを上抜けて、上昇している時は上昇トレンド相場、ゼロのラインを下抜けて下落している時は下降トレンド相場と考えます。

さらに、逆張りのエントリーサインとして、**A**のように**MACDラインがシグナルラインを上から下にクロスすると売りのサイン**、**B**のように**MACDラインがシグナルラインを下から上にクロスすると買いのサイン**と判断します。

これは、移動平均線のゴールデンクロスやデッドクロスと同じような見方になります。

　そのクロスが、０（ゼロ）のラインから離れている場合、相場に勢いがあることを意味します。相場に勢いがあるほうが、MACDはより精度の高いサインを出してくれます。

　AやBのように、**ゼロラインから離れていて明確にクロスしている場合**は、サインの信頼度が高めだと言えるでしょう。

　MACDは、相場に勢いがない場合、２本の線が中途半端なところでクロスを繰り返してしまい、間違ったサインを出してしまう点に注意しておきましょう。

## ❷ MACDをチャートに表示してみよう！

　前節のRSIで使ったポンドドルの15分足チャートにMACDを追加して、トレードに活用できるか見てみましょう。MACDがクロスしている箇所とローソク足の箇所に●をつけました。

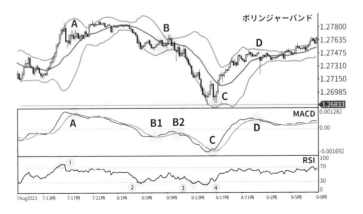

MACDがクロスしている部分

　MACDの**A**のクロスはゼロラインから離れているので、サイ

ンの信頼度が高いと考えられますが、ボリンジャーバンドの中心線の上にローソク足が位置しているので、売りエントリーのタイミングが来るのを待ちます。

MACDのB1とB2は、下落後のレンジ推移でクロスしています。売りポジションを持っている場合は、一旦、利確して、ローソク足の値動きを見ながら、再度、売りエントリーをしてもいいでしょう。ただ、ここのクロスはMACDのゼロラインに近いので、信頼度が低めのサインだと考えられます。

MACDのCのクロスは、ゼロラインから離れているので信頼度が高く、「ボリンジャーバンドの中心線を上抜けたら買いエントリー」といったタイミングを図るポイントになります。

MACDのDのクロスは、ゼロラインから少しだけ離れていますが、中途半端な位置でもあり、信頼度はやや低めといえるでしょう。

このように、売買サインはサインが出たら売買するのではなく、サインが出たら、「売買の準備をする」「売買のタイミングを待つ」「トレードは見送る」といった選択肢があると考えましょう。売買サインはポジションを持っている場合には、利確や損切り判断の材料にも使えます。

そのため、MACDも他のテクニカル指標と同様、ローソク足の動きや、ローソク足のヒゲ、移動平均線やボリンジャーバンド、水平線、トレンドラインなどから、使いやすいと思うテクニカル指標と組み合わせて、トレード判断の精度を上げることが必要です。

興味深いのは、RSIの方がMACDよりやや早めにサインを出していることです。サインの出るタイミングが少し違っても、サインが出たらすぐにアクションを起こすという意味ではないことを覚えておきましょう。

# 木を見て森を見ず？ マルチタイムフレーム分析が大事な理由

マルチタイムフレーム分析とは、また難しい分析用語が出てきたにゃ〜。

モカにゃん、心配ご無用！
慣れれば、短時間で出来るようになるからご安心あれ〜（笑）。

## ◎ マルチタイムフレーム分析とは？

チャートの時間軸には、1分足チャートから月足チャートまで、複数の時間軸チャートを見ることができます。

トレード判断するにあたり、**複数の時間軸のチャートを分析するマルチタイムフレーム分析**は重要な役割を果たします。

トレードスタイルは、スイングトレード、デイトレード、スキャルピングによって、トレード判断に使うチャートの時間軸も異なります。

どのトレードスタイルであっても、ひとつの時間軸チャートだけに頼るのではなく、複数の時間軸のチャートを分析することで、長期的、中期的、短期的な相場の動きやトレンドを理解し、総合的な判断に基づいてトレードすることが可能になります。

例えば、5分足チャートは木で、日足チャートは森といったイメージです。

　日足の1本のローソク足は、5分足のローソク足288本で成り立っていると考えるとイメージしやすいかもしれません。

　5分足のローソク足ばかりを追っていても、一本の木を見ているだけで、森全体を見ると、違う景色が見えるかもしれません。

短期トレードであっても、全体像を見ることは大事にゃ！

　日足チャートで全体の大きな動きが見えていないと、5分足チャートで細かい動きに惑わされ、「上がるかも？　いや、下がるかも？」と、トレードにブレや迷いが生じてしまいます。

　長期足チャートから分析するアプローチをとることで、大きなトレンドの流れに沿った広い視点でトレード戦略や計画を立て、短期足チャートでより有利なエントリー、損切り、利確のタイミングを探ることができます。

## 🔍 マルチタイムフレーム分析はどうやってするの？

　トレードスタイルによってマルチタイムフレーム分析のアプローチが異なります。

　例えば、デイトレードの場合、5分足チャートでエントリータイミングを探るなら、日足チャート→4時間足チャート→1時間足チャート→5分足チャートという順番で相場状況を確認します。

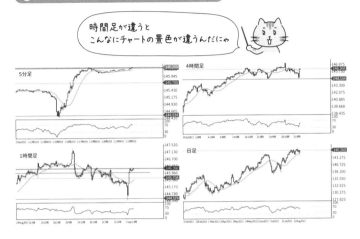

**マルチタイムフレームでチャートを表示**

時間足が違うと
こんなにチャートの景色が違うにゃ

**日足チャートや4時間足チャート**で、レジスタンスラインやサポートラインの確認、移動平均線の傾きなどで、**トレンド方向を確認**します。

その後、**1時間足チャート**で前日の安値や高値などを確認、ローソク足が移動平均線の上か下かといったローソク足の位置を確認します。

ここまでくると、買いか売りのどちらに優位性がありそうか、わかってくるはずです。

レンジ相場であれば、なるべくレンジ相場のサポートラインかレジスタンスライン付近でのエントリーを考えます。

**5分足チャートでエントリータイミングを探る**場合、長期足のレジスタンスラインやサポートライン、移動平均線の位置に気をつけながら、エントリー判断をします。

例えば、上昇トレンド相場であっても、日足チャートなどの長期足チャートのレジスタンスラインがすぐ上に控えていたら、買いエントリーをしても、すぐにレジスタンスラインで跳ね返され

STEP
4
FX初心者でもできるテクニカル分析

てしまう可能性があります。

　そうなると、5分足チャートで買いエントリーのサインが出て
いたとしても、あまり優位性のあるトレードができないと考え、
エントリーを控えることができます。

　**マルチタイムフレーム分析**をすることで、大きな視点からトレ
ード判断することが可能になります。

---

**P**oint!　　**マルチタイムフレーム分析に慣れていこう！**

マルチタイムフレーム分析をすると、多くのチャートを見ることにな
り、最初は混乱するかもしれませんが、慣れてくると、各時間軸チャ
ートで見るべきポイントがわかってきます。
長期足チャートのテクニカル指標のサインやレジスタンスラインやサ
ポートラインを、短期足チャートに落とし込むようなイメージで、マ
ルチタイムフレーム分析をしてみましょう。

---

# STEP
# 5

## 知らないと危険！
## FX情報収集とSNSの
## 付き合い方

SNSは、FX関連の情報収集としてとても便利な反面、投資詐欺や炎上などの危ない側面もあります。この章では、情報収集の方法やSNSと上手につき合っていくコツをお教えします。

# SECTION 01 要チェック！ 経済や金融のニュース専門サイト

経済や金融のニュースは、どのサイトを読んだらいいか教えてにゃ。

世界的に有名な信頼性の高いニュースサイトがあるよ。トレードする前に必ず目を通しておこうね。

## ◎ ロイターとブルームバーグは必須

　**為替相場が動く理由**には、経済状況や金融政策などの**ファンダメンタルズ要因**があり、経済や金融ニュースサイトから情報を入手できます。とりわけ、為替相場は世界各国が関わる市場なので、グローバルに発信している**大手通信社のニュースサイト**をチェックしましょう。

　金融業界で知らない人はいない**ロイター**と**ブルームバーグ**のニュースサイトは、毎日トレード前に目を通すことをおすすめします。経済や金融ニュースに慣れていないと、読んでいてうんざりしてしまうので、最初はニュースの見出しだけ確認しましょう。

　毎日ニュースサイトを見ていると、「今、注目されているトピック」がわかるようになります。

## ⊘ 2大ニュースサイト比較

| ロイター | ブルームバーグ |
|---|---|
| 創業　1851年 | 創業　1981年 |
| 本社　英国　ロンドン | 本社　米国　ニューヨーク |
| 国際ニュースを<br>中立的な立場で発信 | 主に金融市場に関する情報を<br>企業やプロの投資家に提供 |

　例えば、「金融政策発表そのものより、発表後の中央銀行総裁の発言が注目されている」とわかれば、発表後の総裁の発言を待ってから、相場が動くことが予想できます。

　ロイターとブルームバーグは、取り上げる話題やニュースの焦点、同じ記事でもニュアンスが異なることがあるので、両サイトを偏りなく読むことをおすすめします。

## ⊘ アナリストの予想に惑わされない

　経済や金融アナリストが、為替相場の予想をしている記事を見かけます。アナリストが相場予想をする時は、あくまで現時点での予想であり、翌日、新たな材料やニュースが出たり、想定外のイベントが起きると、予想は変わることがあります。

　特に、半年〜1年後など長期の相場予想が当たることは、かなり難しいことが想像できます。刻一刻、状況は変化するので、アナリスト予想は当たることも外れることもあって当然です。

アナリストはその道の専門家だから、
信じたくなっちゃうにゃん。

アナリスト予想が自分のトレード判断
に影響しそうなら、見ないでおこうね。

## ❹ 毎朝、経済指標はチェックしよう

　経済指標は、各国の経済状況がわかるデータのことで、毎日のように、経済指標の発表があります。**経済指標の発表カレンダー**は、FX会社や証券会社のサイトで閲覧できます。

　経済指標カレンダーには、国、指標名、発表時間、サイトによっては重要度が書かれているので、毎朝、チェックしておきましょう。重要度の高い指標が発表されると、相場が大きく動くことがあり、損切りになったり、含み損を抱えることがあります。

　**経済発表前は、新規エントリーは控えたり、ポジションは決済しておく**といった判断が必要です。

　中でも、米国の経済指標には注目されるものが多く、**雇用統計、消費者物価指数、国内総生産（GDP）、ISM製造業景況指数**の結果によっては、相場が大きく変動することがあります。

　さらに、各国の政策金利の発表は重要なので、忘れずに確認しておきましょう。

今夜は米国雇用統計の
発表があるから
エントリーはやめるにゃん

---

**P**oint!　　**経済と金融ニュースは毎日チェック**

FXトレードに必ず役立つ経済や金融ニュース、経済指標は、毎朝チェックすることを習慣にしましょう。特に、ニューヨーク市場がオープンしている間に出た新しいニュースや経済指標の結果、要人の発言が翌日の相場の流れをつくることがあります。
慣れないととっつきにくい経済と金融ニュースですが、理解できるようになるとニュースも面白くなります。FXをきっかけに経済や金融の世界を学び、トレードライフを更に楽しいものにしましょう。

SECTION

## 02 X(旧ツイッター)は薬にも毒にもなる!

Xは有効活用すると、トレードに役立つし勉強にもなるよ。
でも時々、詐欺にあったと大騒ぎしたり、炎上騒ぎのようなことも起きるの。

どこの世界も人間が集まると面倒だにゃ〜。

怪しいアカウントや他のトレーダーを批判するアカウントとは関わらないようにしようね。

## ❂ Xを上手に活用しよう

　FXを始めると、経済や金融の最新ニュースやFXにまつわる情報をいち早くキャッチしたいものです。

　Xでは、**ロイター**や**ブルームバーグ**などのニュースサイト、**お気に入りのエコノミストやトレーダー**、**経済指標情報サイト**などをフォローしておくと、タイムラインに流れてくるので情報収集にとても便利です。

　さらに、FX会社の公式アカウントも為替情報や経済指標の結

果などを素早く流してくれるのでフォローするといいでしょう。

その他、実績のあるトレーダーの中には、現時点での相場観やテクニカル分析などをポストしてくれるので、日々のトレードの参考になります。

どんな情報があるのかにゃ?

## ✦ 爆益報告ばかりのポストに注意！

ただ、爆益ばかりをポストし続けるアカウントは、詐欺の場合があるので注意しましょう。

反対に、やたら爆損ばかりをポストするアカウントを面白がってフォローする人もいますが、時間の無駄なのでフォローする必要はありません。

FXを始めたばかりの頃は、見るもの聞くもの目新しく感じると思いますが、しばらくは先入観なしにポストを眺めてみましょう。そのうち、信頼のおけるトレーダー仲間ができたり、良質な情報の取捨選択ができるようになります。

## 🔘 熟練トレーダーから学ぶ方法とは？

Xでは、相場分析やエントリーから決済を示したチャートを公開しているトレーダーもいます。

当然ながら、通貨ペア、トレード方法、トレードスタイル、使用しているテクニカル指標は、それぞれ違います。

初心者には、いろいろあり過ぎて少々混乱するかもしれませんが、様々な分析方法や相場に対する考え方、トレード方法があることを知るだけでも為になります。

気になるポストがあったら、ブックマークし、時間がある時に深く掘り下げたり、自分のトレード手法と照らし合わせてみるといいでしょう。例えば、チャートパターンとトレード手法のポストがあったら、次のことなどを確認してみましょう。

- そういったパターンは本当に出るのか？
- ポストのようにエントリーができて決済できるのか？
- 損切りはどこになるのか？

　過去チャートを見ながら、自分の頭で考え自分の目で確認すると、トレードの上達が早くなります。

　さらに、数々の修羅場をくぐってきたトレーダーの経験談やトレードにまつわる心理状態に関するポストは大変貴重です。

　大きな損切りをした時、思ったように稼げなくて焦っている時など、自分の心に刺さるポストに出会うこともあります。

　コーチや上司がいる環境と違い、基本、ひとりでトレード判断を行う状況では、自分では気がつかないうちにトレード手法が微妙にずれていたり、トレードルール通りに実行できなくなったり、スランプに陥ることもあります。

　そんな時、先輩トレーダーのポストが突破口になることがあります。

ポジションを持って
ドキドキするようなら
ロットが大きすぎるかも

モカのこと
だにゃーっ

先輩トレーダーのポストで気づかされたり、忘れていたことを思い出させてくれたり、参考になることが多いよ。

モカもアカウント作って、学ばせてもらうにゃん！

## ⚡ SNSはトレード記録にも使える

Xはインプットだけでなく、アウトプットにも使えます。

トレード記録をノートに書くのは面倒だと思うのであれば、**X に投稿することでトレード記録を残しましょう**。

最初は、FXモカにゃんのようにシンプルに投稿しましょう。

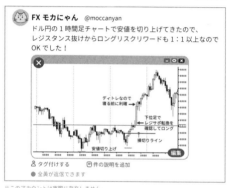

※このアカウントは実際に存在しません

さらに、トレード中に考えたことや気づいたこともポストしておくと、過去トレードを振り返る時に、「エントリーが早すぎた」とか、「稼ごうと焦ってトレードしている」などの心理的な状況も把握できます。

トレードルールが守れない時は、ポストで「今日はトレードルールを守ります」など宣言すると、できなかった自分をさらすのは恥ずかしく、ポストしたことは守るようになるでしょう。

トレードをしながら疑問が出てきた場合は、アドバイスを求めるようなポストをすると、先輩トレーダーが教えてくれることもあります。ただ、そのアドバイスをうのみにせず、さらに自分で調べたり考えることが重要です。

## 🖱 ぶれるならポストは見ない

テクニカル分析の結果、「今日はドル円を買おう」と思っていたら、「今日はドル円は売り！」というポストを見てしまった。そのポストが頭に残ってしまい、ドル円を売ったら上昇した。自分の分析を信じていればよかった…なんてことがあります。

トレーダーのポストは、あくまで現時点での分析を公開しているのであって、数分後あるいは数時間後には相場状況が変化し、相場の見通しを変えることもあります。

他人のポストを見て、自分のトレードがぶれてしまうということは、そもそも自分のトレード手法に自信が持てていない可能性があります。まずは自分のトレード手法に自信が持てるようになるまで、トレード練習と検証を重ねるしかありません。

上手なトレーダーのポストで実践したいことがあれば、自分のトレード手法やプロセスに改善を加えるという形で取り入れましょう。複数改善を加えたい場合は必ずひとつずつ加え、その結果を必ず確認してから、次の改善に移りましょう。

---

**Point!** **Xを使って楽しく学ぼう！**

FXにまつわる様々な情報収集に役立つXを上手に活用すると、学びながら楽しくトレードができます。
Xを眺めていると、利益報告ばかりが目につきますが、そもそもネタでない限り、トレーダーは損したことはあまり言いたくないものです。
なので、多くの利益報告のポストを見ても気にせず、他人と比較せずに自分のペースでトレードすることを心がけましょう。

# SECTION 03　FXに仲間は必要？

1人でトレードしてるから、FXについて
話せる仲間がいたほうがいいかにゃ？

1人でトレードしていると息が詰まる
こともあるから、励まし合えるFX仲間
がいるといいね。

## ❯ FXは孤独な作業

　FXと向き合い、トレード技術を磨き、収入として確立させた
いと努力を続けていると、つらいと感じることも多いでしょう。

　そんな時でも、上司がアドバイスしてくれず、同僚が助けてく
れるわけでもないFXは、自由でありながらも孤独な世界です。

　FXトレードは、**最初から最後まで自分で決めたトレードルー
ルに沿って、トレードプロセスを実行**しなければなりません。

　特に、初心者の頃は様々な葛藤に直面することも多く、アドバ
イスや励ましが欲しいと思うのは当然です。

　ただ、FXはあくまで個人プレーなので、最終的には自分に合
ったトレード方法やルールを作り上げ、淡々とトレードしていく
しかありません。そういう意味で、**FXは孤独な作業**であること
を覚えておきましょう。

## ⊙ FX仲間を持つ目的は？

FX仲間が欲しい場合、まず仲間を持ちたいと思った理由を考えてみましょう。仲間でFX雑談をして盛り上がりたい、利益が出た時には褒めてもらいたい、損失が続いた時には慰めてもらいたい、といったゆるい仲間が欲しいこともあります。

この場合、SNSやFXセミナーなどで、比較的簡単に見つけることができるでしょう。

ただし、トレードの上達が目的ならば、FX雑談仲間に入っても、ただの時間つぶしになってしまいます。

その場合、**同じ通貨ペア、同じトレードスタイルやテクニカル指標でトレードしている仲間であることが重要**です。

中には、優良のFX勉強会をしている専業トレーダーさんもいるので、そういう場で仲間を作り、トレードを上達させていくこともできます。

FX仲間で雑談してストレス発散したい！

でも、トレードも上達したいにゃん！

どっちやねん！（笑）

---

**P⚲int!** **FXを長く続けるには仲間がいると心強い**

FX仲間は必ずしも必要ではありませんが、トレードが上達するまでの道のりは長く、トレードの相談や悩みを聞いて欲しいこともあるはずです。同じFXをしている同士だからこそ、分かり合えることも多くあります。
特に初心者の頃は、1人でトレードしていると不安になることがあります。そんな時は、1人で悩みを抱え込まず、思い切ってFX仲間や師匠に相談しましょう。

## SECTION 04 FXサイト、YouTube、書籍を上手に活用

色々なFX学習コンテンツがあるけど、どう活用するのがベストかにゃ？

色々あって迷うけど、それぞれのコンテンツを効果的に使う方法があるよ。

### ⊘ FXは高額セミナーや教材で学ばないと勝てない？

FXを始めるにあたって、「高額な教材を買ったり、セミナーに行った方が効率よくFXを学ぶことができ、早く稼げるようなるのでは？」と思う人もいるでしょう。

実は、FXの知識がない場合、自分に合った教材やセミナーを選ぶのは難しく、宣伝文句にのせられてしまうことがあります。

せっかく高額な教材を購入したのに、自分のライフスタイルや性格に合わなかったら、お金の無駄になります。

まずは、**FXの基礎知識をつけるため、FXに関する入門書籍や専門書籍を数冊読むこと**をおすすめします。

もちろんFX専門サイトでもいいのですが、書籍のほうがFXの全体像を順番に学ぶことができ、手元において、時間がある時に何度も見返すこともできます。

　FXの基礎知識がわかったところで、資金管理、チャート分析やテクニカル指標、トレード心理やメンタル管理、ファンダメンタルズ分析などに特化した書籍を読んでみるといいでしょう。

　同時に、**デモ口座でトレード実践**も始めてみましょう。

　どうしても教材を購入したりセミナーに行きたい場合、ある程度FXの知識とトレード経験がつくと、何を学びたいかが明確になり、教材やセミナーも選びやすくなります。

## ◎ FXは独学でも十分！

　FXは、独学でも十分な知識と経験を積み重ねることが可能です。ただ、ひと通りの知識がつき、デモ口座でトレードを始めても、様々な疑問が出てきたり、トレードに行き詰まることも多いはずです。そんな時は、**インターネットで検索**しましょう。

　世の中には、お悩み解決に役立つFX関連サイトが豊富にあります。サイトには、FX会社が運営している学習サイト、投資教育系のFX専門サイト、トレーダーが運営しているブログサイトなど様々です。

　中には、あまり良いとは言えないコンテンツもあるので、**信頼のおけるブログを見極めることが重要**です。

まずはFX専門書籍を
数冊読もう

デモ口座で
トレード経験を積もう

疑問が出たら
インターネットで検索

自分のトレードを
振り返ろう

ふむふむ

YouTubeで実績のある
トレーダーさんから
学ぼう

独学で大事なことは、自分が **「実際に行ったトレード」から学ぶ**ことです。

　書籍やブログなどで学びながら、デモ口座でトレード経験を積み、実践したトレードを振り返ることが一番の学びになるでしょう。

　勝ちトレードであっても負けトレードでもあっても、エントリーから利確（もしくは損切り）までのプロセスにおいて、「気づき」や「学び」が必ずあるはずです。

　例えば、「エントリータイミングは早すぎたのか？」「なぜ早かったのか？」「ローソク足の確定を待つべきだったのか？」などなど、学ぶことが多くあります。

　このように、ひとつひとつのトレードから、学びを得ることは地味な作業ですが、非常に効果的で早い上達につながります。

## 独学に行き詰まったらFXの師匠を見つけよう

　SNSやブログ、YouTubeで優良のコンテンツを出しているトレーダーさんが多くいます。いろいろ見ていると、自分と似たトレードスタイルのトレーダーさんが見つかるはずです。

　できれば、長くトレードを続けている実績のあるトレーダーさんを見つけ出し、動画やブログでしばらく勉強を続けてみましょう。コメント欄に質問や感想を積極的に書いてみると、学んだことが整理でき、インプットとアウトプットができます。

　具体的な質問や相談をすると、親身にアドバイスを下さる優しいトレーダーさんもいます。身近にFX仲間がいなくても、実績のあるトレーダーさんの言葉が大きな力になります。

## ◎ YouTubeで実践トレードを学ぶ

現役トレーダーさんが**YouTubeで配信しているFX解説動画**は、直近のチャートを見ながらテクニカル分析や相場解説をしてくれるので、書籍やブログにはないメリットがあります。

中には、ライブ配信をしながらリアルトレードを見せてくれるトレーダーさんもいて、FX初心者には参考になることが多いでしょう。

YouTubeで学ぶ場合、**なるべく自分のトレードスタイルや自分と同じテクニカル指標を使っているトレーダー**さんのYouTubeチャンネルを選ぶのがおすすめです。

同じチャートやテクニカル指標を使っていても、トレード手法やチャートの着目点が違うこともあり、気づきや学びがあるはずです。

トレードがうまくいかず自己流に走っていると感じたら、1人のトレーダーさんに絞って、そのトレーダーさんのトレードを完全コピーしてみるのも良い方法です。

---

**Point!** 学んだことは自分のチャートで確認

現在、FXを学ぶ材料は豊富にあるので、上手に活用すればFXの上達につながります。とはいえ、学習コンテンツで学んだことは、うのみにせず、必ず自分で確かめることが大事です。

例えば、「ここでエントリーしたら勝てる」と学んだら、必ず、自分のチャートで検証してみましょう。

通貨ペア、時間帯、時間足によって、勝率が変化することもあり、うまく機能しない場合もあります。どういう場面で機能するのかを検証し続けることで、自分のトレードスキルも向上していきます。

SECTION

**05** FX関連詐欺の見極め方

FXに興味を持ってる人や始めたばかりの人は、FXの知識がないだけに詐欺にあいやすいので注意してね。

詐欺にあわないためには、知識と判断力をつけないとにゃん！

##  高額なFX商材、セミナー、塾には要注意

FXを始めると色々な情報を見聞きしますが、早く稼ぎたい気持ちにつけこむような**誇大広告には注意が必要**です。

残念ながら、FXの勉強やトレードが上手になる過程に秘密や近道はなく、例え簡単に稼げる方法があったとしても、教えてもらえるか疑問です。

特に、数十万から百万単位の高額なFX商材やセミナー、塾の中には、**詐欺まがいのものが多く見られます**。

例えば、「絶対に勝てる秘密のトレード手法だから高額だ」という理由をつけたりあの手この手で説得してきます。

友達からすすめられる場合、断りにくいかもしれませんが、その友達が騙されている場合もあります。

　魅力的な宣伝文句や煽り系広告、高級車や札束をちらつかせる広告写真は、大半が詐欺まがいなので、購入しないよう気をつけましょう。

## 無料にだまされるな！　FX無料オンラインサロン

　時々、Xなどのソーシャルメディアには、**突然爆益トレーダーが出現！**　1日100万稼ぐような派手なトレード履歴を見せて、凄腕トレーダーぶりを猛アピールするアカウントが現れます。

　そのアカウントに賞賛の嵐（サクラの可能性あり）が送られ、FXを始めたばかりの人が集まります。ある程度ファンが集まったところで、「無料で教える」と**LINE登録からオンラインサロンに誘導し、指定のFX業者で口座を開設するよう指示**されます。主催者は、口座開設の紹介料がもらえる仕組みになっています。

　しばらくすると、無料だったサロンが有料に切り替わることがあったり、サロンが消滅することもあります。

　もちろん、優良なサロンもたくさんあります。サロンに興味がある場合、運営者の活動歴やトレード実績など、しっかり調べてから参加しましょう。

## 自動で稼げる？　FX自動売買ツールとは？

　「FX初心者でも、自動で稼いでくれるツールがあるのでおすすめ」などと言って、**高額なFX自動売買ツール**を売りつける詐欺も多く存在します。

ツールで利益を出した過去のトレード履歴は改ざんも可能なので、うのみにしないようにしましょう。

特に、「勝率が90％！」や「1ヶ月で資産が2倍や3倍！」といった**あり得ない宣伝文句の高額ツールは詐欺**と考えていいでしょう。

FX自動売買ツールを試したい場合は、**金融庁の許可を受けているFX業者の自動売買ツールを使うこと**をおすすめします。

FX自動売買ツールは、色々とタイプがあり、相場環境が変わると含み損になったり、損切りが続いたりすることもあります。

FX自動売買ツールだから、楽に稼げるという意味ではないので注意してください。

## ◉ 詐欺の手口もいろいろ

詐欺自体もアップデートして、いろいろと手の込んだ詐欺をしかけてきます。FX口座を開設する時は、その業者が**金融庁に金融商品取引法に基づく登録をしているかを必ず確認**しましょう。

Xなどのソーシャルメディアで勧誘していることが多く、最初は無料と広告していても有料になったり、有料のコンサルやツール、商材を購入してもらうよう誘導してきたりします。

中には、「お金を預けてくれれば、トレードで資金を増やしてあげる」とお金をだまし取る場合もあります。**どんな理由であれ、自分のお金は絶対に他人に渡さないことが重要**です。

---

**Point!** 「詐欺かも」と思ったら専門機関に相談を！

FXで副収入を得ようとして、詐欺にあってお金を失ってしまうほど悲しいことはありません。簡単に稼げる方法はないので、自分でしっかり勉強し、自分のトレードスキルで利益を得ていく覚悟が必要です。
万が一、詐欺にあっていると感じたら、ひとりで悩んだり解決しようとせず、国民生活センターや警察の相談窓口などで必ず相談してください。

Coffee break

# ときどきチャートに現れる「窓開け」とは!?

　FXを始めて間もないころ、月曜日の朝、チャートを見たら、ローソク足と次のローソク足の間に、空白部分があり、「あれっ？チャート壊れた？」　と思うことがあるかもしれません。

　それは、**「窓開け」** と呼ばれ、ポジションを持っている場合、想定外の利益や損失が出ることもあります。

　「窓開け」とは、ある期間の終値と次の期間の始値との間に価格の差ができてしまい、ローソク足と次のローソク足の間に、空白の部分（窓）が現れることをいいます。

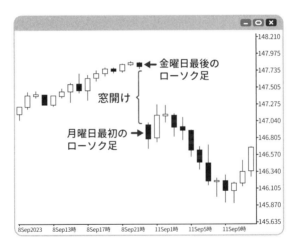

　この現象は、月曜日の朝に見られることが多く、金曜日の終値と月曜日の始値の価格差から起きてしまいます。

　中東の一部の国ではFX取引ができるので、週末、相場に影響を与えるようなニュースやイベントが発生すると、価格の差が生まれてしまうのです。

　その窓が、前のローソク足の終値より、次のローソク足の始値が上にある場合、つまり上方向に窓が開いた場合を上窓といい、買い

223

の勢いが強いことを意味しています。

　一方、前のローソク足の終値より、次のローソク足の始値が下にある場合、つまり下方向に窓が開いた場合を下窓といい、売りの勢いが強いことを意味しています。

　このチャートは下に窓が開いているので、下窓になります。

　窓開けが見られると、相場の方向にヒントを示してくれるだけでなく、「窓を閉める」、つまり価格の差を埋める動きが多く見られます。

　とはいえ、窓が開いたからと何も考えずに窓埋めトレードはせず、窓が開いても、いつものように、チャート分析はしましょう。

　上昇トレンド中に下窓を開けた場合、押し目のチャンスととらえられ、窓埋めして上昇が続くことがあります。

　さらに、上昇トレンド相場で大きな上窓を開けた場合、窓を埋めてから再び上昇することもあります。

　上昇の勢いが非常に強い時は、窓埋めせずに上昇してしまうこともあります。

　そうなると、「窓が開きっぱなしで寒いな～」、「窓閉めてよ～」なんてつぶやきが、ソーシャルメディアで見られたりします。

　窓はしばらくしてから、埋める場合もあり、窓が埋められた時には「やっと窓埋め完了！」と思ったりするものです。

# STEP 6

## お待たせしました！
## 早速FXをはじめよう

FXの基礎がわかったところで、実際にFXトレードをはじめてみましょう。

なるべく丁寧なトレードを心がけて、ひとつひとつのトレードから着実に学んでください。

## SECTION 01 まずはデモ口座で 基本操作を練習

だいぶFXのことがわかってきた！
そろそろ稼ぎたいにゃん。

気持ちはわかるけど、まずはデモ口座
でしっかり練習してね。

### 🔖 リスクゼロで練習できるデモ口座とは？

**デモ口座**とは、FX業者が無料で提供している仮想口座のこと
です。実際のトレードと同じ環境で**仮想資金を使いトレード体験**
ができます。

自己資金をデモ口座に入金する必要がないので、何度トレード
してもリスクはゼロです。損失が出たら仮想資金が減り、利益が
出たら仮想資金が増えるだけです。

FX初心者は自己資金でトレードする前に、**必ずデモ口座でト
レード経験を積み**、自信がつくまでトレード練習をしましょう。

### 🔖 トレードの基本操作を覚えよう

FXトレードは「**プラットフォーム**」を使って、トレードを行
います。

**プラットフォーム**とは、各通貨ペアの現在の価格、チャートやテクニカル分析のインジケーターなどを表示させたり、注文、損切り、利確などの**売買発注ができるツール**です。

　PC、スマホ、タブレットで使えるプラットフォームが用意されているので、デモ口座で基本的な操作をしっかり学んでおくことが重要です。

　世界的にFXの標準となっているプラットフォームは、MetaTrader 4（MT4）です。

　日本のFX業者では独自のWebサイトやアプリでプラットフォームを提供している会社と、MT4なども選択できる会社があります。

　実際の口座に移行した時、同じプラットフォームでトレードできるよう、口座開設を考えているFX業者のデモ口座を使うのがおすすめです。

　どのFX業者にしようか迷っている場合は、複数のデモ口座を比べて、自分が使いやすいプラットフォームを選びましょう。

## ◎ デモ口座のメリットとデメリット

　デモ口座のメリットは、実際の相場の動きを体験し、様々な注文方法を試せることです。

　さらに、自分が選んだテクニカル分析ツールを表示し、何度もトレードすることができます。自己資金ではないので、損失が出ても精神的なダメージはありません。

　一方、デモ口座のデメリットは、自分の懐が痛まないので、思わず適当なトレードになることです。デモ口座であっても、ていねいなトレードを続けることが大事です。

　とはいえ、デモ口座でのトレードでは、自己資金のトレードと同じような緊張感や心理状態にはならないことは覚えておきましょう。

STEP
6
お待たせしました！　早速FXをはじめよう

## ✈ デモ口座を有効活用

デモ口座は、トレード手法を試すのに最適です。

次のことなどをデモ口座で試すと有効に活用できます。

- インジケーターを変えたらどうなるか？
- 成行ではなく、指値、利確、損切り注文を予約したら
  結果はどうなるか？

自己資金の口座であれこれ試してしまったら、資金を失うことになりかねません。自分のトレード手法を試す場合は、デモ口座を有効活用しましょう。

まずデモ口座で、ちゃんと利益が出せるか頑張ってみるにゃん。

自分のお金は大事だから、FXで無駄に使わないようにね。

### Point! デモ口座で勝つまではデビューを控える

デモ口座で継続的に利益が出せない状態で、自己資金でトレードするのは控えましょう。利益が出ていても、2～3カ月はデモ口座で自分のトレードスタイルやトレードルーティンを身につけてください。
どうしても、自己資金でトレードしたい場合は、失ってもいい金額でトレードしましょう。損失が出たトレードでは、必ず改善点を見つけて次のトレードに活かすことが大事です。

# 口座開設と注文方法を学ぼう

そういえば、モカFX口座持ってないにゃん…手続き苦手にゃ。

肝心なことを忘れていたのね…。スマホで簡単に作れるから一緒に作ろう！

## ❏ FX口座開設の手順

　インターネットを使った口座開設の流れを説明します。

　まずは、口座開設の申込みで「個人情報の入力」や「各種規約の承諾」などがあります。そのあと、マイナンバーカードなどの「本人確認書類の提出」を行います。

### インターネットで口座を開設する

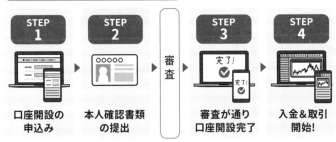

| STEP 1 | STEP 2 | 審査 | STEP 3 | STEP 4 |
|---|---|---|---|---|
| 口座開設の申込み | 本人確認書類の提出 | | 審査が通り口座開設完了 | 入金&取引開始！ |

その後、審査を通過すると、IDやパスワードなどが郵送やメールで送られてきます。そのあと、ログインし入金すれば取引できるようになります。

## 🎯 FXでの注文方法

FXトレードでは、あらかじめ価格を決めずに、チャートを見ながら、その時点の価格で売り買いの注文をすることを**成行注文**といいます。スキャルピングでは、チャートを見ながら売買タイミングをはかるので、成行注文を使います。

**指値注文**は、現在の価格より有利な価格で注文したいときに使います。例えば、現在、ドル円の価格が140円だとします。買いを考えている場合、130円で買うほうが、ドル円を安い価格で買えるのでお得ですよね。

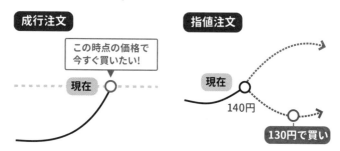

成行注文
この時点の価格で今すぐ買いたい！
現在

指値注文
現在
140円
130円で買い

その場合、あらかじめ130円の価格で指値注文を出しておけば、チャートに張り付いて、130円になるのを待つ必要はなく、130円になれば自動で買ってくれるわけです。

逆に、**逆指値注文**は現在の価格より不利な価格で注文したいときに使います。例えば、130

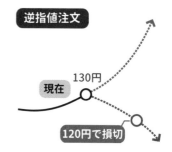

逆指値注文
130円
現在
120円で損切

円でドル円を買っていた場合、120円で損切りしたいなら逆指値注文を出しておけば、自動的に損切りをしてくれます。

**IFD注文**(イフダン)は、新規の注文と決済の注文が同時に出せる注文方法です。例えば、現在のドル円が140円で、「もっと安いレートでドル円を買って利益をねらいたい」と考えていたとします。

130円で買い、150円で売りたい場合、あらかじめ注文を出しておき、価格が130円になれば自動で新規買いの注文が成立し、150円になれば決済され、利確することができます。

この注文方法では、損切りの注文を入れることもできます。例えば、130円で買い注文を入れると同時に、予想に反し上昇せずに下落した場合に備えて、120円で売り注文を入れることもできます。

このように、あらかじめ損切りポイントで決済注文を出しておけば、想定以上の損失が出ることはありません。

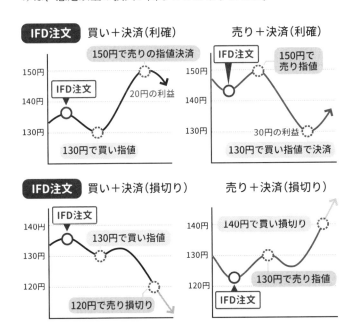

OCO注文とは、2つの決済注文を出し、どちらかの注文が約定されると、もう一つの注文はキャンセルされる注文方法です。

例えば、ドル円が120円と130円のレンジ相場が続いている場合、120円を下抜けたら売り、130円を上抜けたら買いというときに使えます。また、利益や損失確定の決済注文にも使えます。

最後に、IFDとOCO注文を合わせたIFO注文があります。新規の注文を出すと同時に、2つの決済注文も出すことができます。

例えば、現在ドル円が140円だとして、新規買い130円、損切り120円、利確150円の注文を一度に入れることができます。

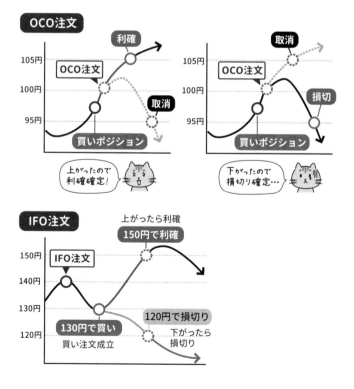

**決済注文**は、どちらかの注文が約定されれば、もうひとつの注文は取り消されます。つまり、150円で決済され利確できた場合は、120円の決済注文は自動的にキャンセルされます。

　注意点として、**注文を出すときは、スプレッドを考えておく必要があります**。例えば、130円の買い注文を入れていて、「価格が130円になったのに、買い注文が約定されていなかった」と悔しい思いをすることがあります。相場の状況によってはスプレッドが広くなり、約定しない場合もあるので、すこし余裕を持たせておいたほうがいいでしょう。

**P**oint!　**間違って注文を出してもあわてずに…**

　一旦、注文を出した後でも、すぐに対応すれば注文をキャンセルしたり、注文価格の変更は可能なので、間違って注文を出しても慌てる必要はありません。このような注文方法は大変便利なので、トレードスタイルに合わせて上手に使いこなしていきましょう。

# 03 実際にFXトレードを してみよう！

さて、実際に自己資金を使って、トレードしてみたいにゃん！

早くトレードしたい気持ちはわかるけど、トレード前の準備で、結果が決まるとも言えるよ。

OK！ では何を準備したらいいか教えてにゃ！

## ⬆ トレードする前に準備すべきこととは？

　プロのスポーツ選手が、日々のルーティンを大事にすることはよく知られてますが、FXトレーダーにも決まった**ルーティン**があると、一貫性のあるトレードができるようになります。

　家事や子育て、仕事で忙しいと、限られた時間の中では、トレード前の準備が面倒に感じてしまいますが、プロの市場参加者と同じ市場でトレードするからには、個人トレーダーもトレード前のルーティンを作っておく必要があります。

次のトレード前の準備チェックリストを参考にして、「マイルーティン」を作りましょう。

## トレード前の準備　チェックリスト

- ☑ ロイターやブルームバーグなどで経済や金融ニュースをチェック
- ☑ 主要な経済指標発表の有無、休場がないかを確認
- ☑ 前日のトレードを見直し、改善点があれば次のトレードで修正
- ☑ 学んだことは、もう一度復習
- ☑ トレードルールと資金管理の確認。最大損失許容額を計算
- ☑ トレードする通貨ペアのチャートのテクニカル分析
- ☑ トレードプラン（シナリオ）の作成
- ☑ 損切り、エントリー、利確目標の決定
- ☑ 健康状態や感情の確認

トレードプランは、まずは**買いか売りのどちらがトレードの優位性が高いか**を考えることからはじまります。

**トレードの優位性**とは、より成功確率の高いトレードのことを意味します。

例えば、上昇トレンド相場で買いポジションを持つトレードは、通常、優位性が高いと考えられます。

その判断は、月足、週足、日足、4時間足といった長期足チャートの分析やファンダメンタルズ分析をすることで判断できます。長期的な相場の方向性を確認することは、優位性のあるトレードを可能にします。

その後、エントリータイミングを図るために、1時間足や15分足、5分足などのより短い時間足のチャートで、どういう局面で買うのか売るのかを決めます。

例えば、「フィボナッチの50％とサポートラインとが重なったところから買いエントリー」といったようにシナリオを立てます。

　複数のトレードシナリオを立てた場合でも、優位性の高いトレードシナリオと比較的優位性が低いトレードシナリオがあります。

　以前ご紹介したポンドドルの1時間足チャートを見てみましょう。

🔗 ポンドドルの1時間足チャート

日足のレジスタンスライン

A ← B

ネックライン？（サポートライン）

どこでエントリーすれば、
リスクも少なく、
有利なトレードができるかを
考えるのが大事にゃ！

2May 3May 4May 5May 5May 8May 9May 9May 10May 11May 11May 12May 15May
2023 7時 23時 15時 7時 23時 15時 7時 23時 15時 7時 23時 15時 7時

## ✛ レジスタンスライン手前のAで買いエントリーしたら？

　移動平均線の上だからとAで買いエントリーをした場合、損切りをサポートラインの下におくと損切り幅は大きく、レジスタンスラインを上抜けてくれない限り、利益はあまり取れません。

　さらに、長期足である日足チャートのレジスタンスラインは、強い抵抗線として機能することが多いので、その手前で買いエントリーをするのは、**ギャンブル性が高く、これは優位性の低いトレードシナリオ**と言えるでしょう。

## ÷Bで売りエントリーしたら？

一方、ローソク足が日足のレジスタンスラインを抜けられず、1時間足チャートの前回高値も下抜けしてくると、売り圧力も強まることが考えられます。

ダブルトップが形成される確率も高く、少なくともネックラインまでは利益が取れそうだと考えることもできます。よって、**Bの売りエントリーは、優位性の高いトレードである**と言えます。

長期足チャートではトレンド相場になっていても、中期足チャートではレンジ相場になっている場合もあります。

レンジ相場の場合は、レンジのレジスタンスラインとサポートラインや、前日高値や安値を意識しながら、トレードシナリオを立てます。

例えば、「前日安値と4時間足のサポートラインにローソク足が到達したら、5分足チャートでダブルボトムあるいは移動平均線を抜けて買いエントリー」のようにシナリオを考えます。

## ÷エントリーの根拠は3つあると良い

エントリー判断の根拠は3つ程あると、確信をもってエントリーすることができるでしょう。

確信をもってエントリーしても、何が起こるかわからないのが相場なので、当然、損切りになることもあります。

それでも、優位性の高いトレードを続けることで、利益を残すことができます。

損切りラインは、ポジションを持つときに判断できますが、利確に関しては、どこまで利益が伸ばせるかは相場次第です。ただ、利確の目途はつけることができるので、**利確目標は3つ**ぐらい考えておきましょう。

例えば、分割エントリーで3つポジションを持っていれば、段階的に利確することもできます。

　**分割エントリー&分割利確**は、おすすめの方法なので、ぜひトライしてみてください。

## 🧭 トレード開始時間になりました！

　トレード開始時間になり、ローソク足が動き出すのを見た瞬間、テクニカル分析もトレードシナリオも頭から吹き飛んで、ローソク足が動いている方向に思わずエントリー！なんてことも。

　初心者の頃は、まだ自分のトレードに自信が持てない時期なので、自分が立てたシナリオと違うトレードをしてしまうことがよくあります。

　チャートが自分のシナリオどおりに動いていなくても、まずは冷静になり、どういう相場展開になるかを見極めるために様子を見ましょう。

　チャートを見ていると、余計なことを考えたり、トレードシナリオと違うトレードをしてしまうのであれば、**事前に決めたエントリー価格付近にアラートをかけて**、エントリーチャンスが来るまで、あえてチャートは見ないようにしましょう。

　エントリーチャンスが来そうであれば、チャートを見ながら待機です。「トレーダーは待つのが仕事」と言うだけあって、「待つ」時間が長いので、待ち時間は、トレードの勉強や検証をするのもいいですね。

　外出やトイレ休憩などチャートから離れる時は、**損切りと利確の注文を設定**しておきましょう。

zzz...

アラートが鳴るまで
昼寝にゃーむにゃむにゃ
アラートの掛け方は、
263ページにあるにゃん

含み益のポジションを保有している場合は、建値に損切り注文を移せば、最悪の場合でも損失は出なくなります。

トレードの待ち時間は、STEP6の6節を参考にして、**トレード記録**をつけてみましょう。

エントリーした後に、自分が思っていたような値動きにならず、ストレスになったなど、ポジションを持っている間に考えたことや気づいたことも、どんどんノートに書いてみてください。

## ↗ トレードが終わったら……

トレードが終わったということは、損切りで終わったか、利確で終わったか、あるいは建値で決済されたかという結果になっているはずです。初心者の頃は利益が出れば嬉しく、良い気分でトレードを終えることができますが、損切りで終わると落ち込んだりするものです。

勝ったり負けたりを繰り返して、口座資金が増えていく実感がつかめると、気持ちの浮き沈みも小さくなります。

たとえ利益で終わっても、自分が立てたトレードシナリオ通りできなかった場合は、良いトレードではない可能性もあります。テクニカル分析に見落としがあったのか、エントリータイミングが悪かったのかなど、トレード全体（249ページ参照）を見直してみましょう。

---

**Point!** 「なんとなくエントリー」はやめよう

デモ口座と違って、自己資金を使ってトレードすることに、違和感や不安を感じることもあります。だからこそ、「なんとなくエントリー」したり、「運だめし」のようなトレードは避け、1回のトレードをていねいに行うよう心がけましょう。トレードを始めると、損切りをしたくないという気持ちが出てしまいますが、損切りで出た損失額を学費に置き換え、損失を学びという利益に変えましょう。

## SECTION 04

# FXトレード手法は
# 自分に合ったものを

トレード手法を勉強したら、すぐに
トレードで勝てるようになるかにゃ？

どんなことでもそうだけど、勉強した
からといって、すぐに結果が出るとは
限らないのよ。

## ◎ なぜトレード手法を習っても稼げない？

　トレード手法は、世の中に多く存在しますが、セミナーや教材
などで学んでも、資金が増えていかない人が多いのはなぜでしょ
う？　これは、テニスなどのスポーツに当てはめると理由がわか
ります。

　例えば、テニスのコーチにボールの打ち方を基本から徹底的に
教わった人が10人いたとします。同じことを教わっても、10人
が同じように球を打ち返せるわけではありません。

　人によって、練習にかける時間、練習量、練習の質、修正能
力、理解力や性格などに違いがあるので、早くできるようになる
人もいれば、時間がかかる人がいるのも当然です。

　さらに、相手がどんな球を打ってくるのかわからないのは、相

場がどのような値動きで自分の前に現れるかわからないのと似ています。その場合、対処の方法も個人差があるでしょう。

冷静に球を打ち返せる人もいれば、動揺してラケットを振るのが遅れたり、早くなったりする人もいます。

これがトレードであれば、エントリーが早すぎたり、遅すぎたりすることになります。

ローソク足の勢い、値動きをよーく見て…

早すぎず遅すぎずエントリーにゃー

あっ、テニスやってるんだったにゃ（笑）

中には、バックハンドが得意な人もいれば、バックハンドが不得意な人もいます。買うのは得意だけど、売りから入るのは不得意というのに似ていますね。

テニスなどのスポーツ同様、トレードは技術や経験、失敗から学んで調整していく能力が必要な世界なので、習ったことを実践するのは当たり前ですが、最終的には自分に合ったトレード手法を確立するのがベストです。

## ◎ デモ口座でトレード手法を固めていこう！

デモ口座で本格的にトレードを開始する前に、決めておきたいことを挙げてみました。

❶トレードができる市場を選ぶ。東京市場、欧州市場、ニューヨーク市場のどの市場の時間帯でトレードができるか？

❷実際に落ち着いてトレードができる時間は、何時から何時までか？

❸トレードができる時間帯に動く通貨ペアはどれか？ どの通貨ペアをトレードするか？

❹トレードスタイルは、スキャルピング、デイトレード、スイングトレードのどれにするか？

❺どのテクニカル指標をメインに使うか？ 他のテクニカル指標を組み合わせる場合はどれを使うか？

どのテクニカル指標を使ったらよいか迷う場合は、**移動平均線、水平線、RSI**を使ってみましょう。この3つがあれば十分トレード判断が可能です。

もちろん、エントリーや利確の判断も、ローソク足やチャートパターンで補うことができます。

トレード手法を具体的に学ぶ場合は、自分が使いたいと思っているテクニカル指標や一般的によく知られているテクニカル指標を選ぶといいでしょう。

参考にする手法が、同じ通貨ペアやトレードスタイルであれば、更に効率よくスムーズに学べます。

加えて、トレード手法を学ぶときに、順張り、逆張り、レンジトレード、ブレイクアウトなど、どういった局面で有効な手法なのかを意識しておきましょう。

トレード手法を学びながら、デモ口座で実際にテクニカル指標を使ってトレードを始めたら、次の事項を確認しておきましょう。

**トレード手法の確認事項**

**①** トレードする時間帯の通貨ペアの癖は？　順張り、逆張り、レンジ、ブレイクアウトなど、どのトレード手法が有効か？

**②** 実際にエントリー、損切り、利確を判断する時のチャートの時間軸は？

**③** 目標pipsとトレードスタイルが一致しているか？

トレードしながら確認してにゃん♪

**①**に関して、例えば、東京市場の時間帯でドル円はレンジ相場や逆張りが有効なことが多いので、そういった局面を狙うトレード手法が使えているかを確認しましょう。

**②**に関して、スキャルピングなら1分足や5分足チャート、デイトレードなら5分足や15分足チャート、スイングトレードなら1時間足や4時間足チャートを見て、エントリー、損切り、利確判断をすることが多いでしょう。

いつも同じ時間軸のチャートでトレード判断すれば、安定したトレードができるようになります。

**③**に関して、例えば東京市場のドル円のデイトレードをするのに、100pips獲得を目指すのは目標が高すぎなので、調整が必要です。

**Point!　自分に合ったトレード手法を作りあげよう**

FXトレードの手法は、自分が実践しやすいものを基本にし、自分に合ったトレード手法を作り上げていきましょう。
一度、トレード手法を決めたら、負けが続いたからといって、コロコロと手法を変えるのは、トレード上達の妨げになります。最低でも数カ月は、じっくりと同じ手法でトレードしてみましょう。

## SECTION 05 FXのマイルールをつくろう

トレードルールを作りたいんだけど、どうやって作ったらいいか悩むにゃ〜。

マイルールを作る時には、まずは守れそうなルールを作ろうね。最初から複雑なルールを作ると、忘れたり守れなくなったりするよ。FXが上達するにつれて、マイルールを改善していこう。

## 🔽 トレードルールはなぜ大事なの？

　FXは24時間トレード可能で、通貨ペアも豊富にあり、トレードスタイルも手法も様々です。

　自由度が高いFXの世界だからといって、何の決まりも作らず適当にトレードしていると、安定して利益を出すことは難しいでしょう。

　**トレードルール**があれば、感情に流されてトレードするのではなく、**論理的なトレード判断**のもとに、エントリーから決済まで行うことができます。

　損切りになった後、早く損失を取り戻したいと思っても、「損切り後はチャートから30分離れる」といったルールがあれば、

落ち着いた状態になってからトレードに戻ることができます。

**資金管理に関わるルール**は何よりも重視すべきで、適切なルールがあれば1回のトレードで大きな損失を出すことはないはずです。

**「1回のトレードで、資金の2%以上のリスクは取らない」**というルールがあれば、長期にわたり資金を守ることができます。

勝ち負けを繰り返すトレードだからこそ、資金管理のルールは不可欠です。

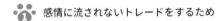 トレードルールが必要な理由は？

1 感情に流されないトレードをするため

2 大きな損失を防ぐため

3 同じトレード方法でトレードを続けるため

4 トレードスキルのアップと改善のため

5 自分のトレードに自信を持つため

## ÷ 悪魔のささやきに勝つ！

毎日、相場と向き合っていると、「今日だけは、ロット数を上げて利益を多くしたい」とか、「いつもは取引しない通貨ペアだけど、利益が取れそうなチャートパターンだ！」とか、悪魔のささやきが聞こえてきます。

不思議なことに、トレードルールを破った時に限って、自分がとったポジションと逆方向に相場が動いてしまうものです。

もちろん、運よく大きな利益が出ることもあるのですが、うまくいったことに味をしめて、ルール破りが始まり、あっという間

に資金の大半を失うこともあります。そうなって初めてルールの大切さを認識するのです。

人間なので欲が出てしまうのは自然なことですが、トレードルールが守れないと、長期的に見て資金は増えていきません。

同時に、ルールが守れないと一貫したトレードができないため、トレードを見直しても、トレード手法が有効かどうかを正確に検証することができません。

マイルールに従ってトレードした結果、資金が増えていくと自信にもつながります。さらに、ルールを守れる自分も好きになれるという、素敵な特典もついてきます！

モカは負けが続くと、「ムキー！」ってなるから暴走しないルールが必要にゃ（笑）。

トレードルールに従うことは、速度を守って運転するようなもので、事故を防ぐことができるよね。

## ⚡早速、マイルールをつくってみよう

最初はシンプルなトレードルールで大丈夫！　全部守ることが難しいのであれば、重要な**資金管理のルールを守ることから始めましょう**。

トレードルールは、具体的には次のような項目を入れてみてください。あくまで一例なので、自分に合ったルールがあれば追加したり、調整してみましょう。

## ✦ ❶ 取引通貨ペアのルール

　**最初は通貨ペアを1つにしぼって**、トレードすることをおすすめします。取引する時間帯に動きがある通貨ペアを選ぶといいでしょう。

## ✦ ❷ トレード回数のルール

　「デイトレードなら1日2回まで、スイングトレードなら1週間に2〜3回」など決めておくと、無駄なトレードを減らすことができます。

## ✦ ❸ 資金管理のルール

　「1回のトレードの損失許容額は資金の2％まで」「資金の5％の損失が出たら、トレードを一旦中止」して、何が原因なのかを調べるようにしましょう。

## ✦ ❹ エントリーのルール

　トレード手法によって異なりますが、「移動平均線を上抜けたら買い、下抜けたら売り」というように、**どのような局面でエントリーするかをルール化**しておくと、適当なエントリーが少なくなります。

## ✦ ❺ 利確のルール

　あらかじめ目標を設定して、**目標価格に到達したら利確**する方法や、テクニカル指標のシグナル、**リスクリワード比率**（1：1以上や1：2など。287ページ参照）が達成されたら利確するなど、様々な利確方法があります。

　ルールがあれば、**利確のタイミング**で迷うことがなくなります。

## ✛ ❻ 損切りのルール

　様々な損切りの設定方法がありますが、損切りしたときの**損失額が資金の2%以内**に収まっていれば、大きな損切りにならずに済みます。

## ✛ ❼ 損切りが続いた時のルール

　「1日で2回損切りしたら、その日のトレードは終了する」というルールがあれば、感情に任せたリベンジトレードができなくなります。

## ✛ ❽ 時間帯のルール

　東京時間、欧州時間、ニューヨーク時間の中で、どの時間帯でトレードをするかを決めておくことで、取引通貨ペアの動きの癖を理解し、効率のよいトレードができます。

## ✛ ❾ 出金のルール

　「月末には利益の半分を出金する」といった**出金のルール**を作り、自己資金を守るようにしましょう。

メンタルや体調に関するルールも必要かにゃ？

「エントリー前はソーシャルメディアは見ない」とか、「睡眠不足や体調が悪い時にはトレードしない」といったルールも入れるといいよね。

## ⚡ トレード記録を見直し、マイルールを改善

トレードルールの調整や改善は、**トレード記録を見直す**ことで可能になります。

例えば、「欧州時間の7時台にエントリーすると、損切りになることが多い」ことがわかれば、「欧州時間8時になるまでエントリーしない」というルールを追加することができます。

他にも、過去のトレード記録から、「1日のトレード回数が1回のほうが、トレード成績が良かった」ことがわかれば、1日のトレード回数を2回から1回にルール修正することができます。

実際に行ったトレード記録は学びの宝庫で、トレードルールが守られていない場合も、記録から明らかになります。

トレードルールを破る時はどんな状況なのかを理解することは重要です。

トレードが順調な時はトレードルールを破ることは少なく、損切りが続いたり、ストレスなどメンタルが不調な時、つまり状況がよくない時にトレードルールを守れないことが多いはずです。それがわかれば、状況に応じたルールを作っておくことで、その時の状況をさらに悪くしないで済みます。

### Point! トレードルールを守って利益を積み上げる

トレードルールは、一貫性のあるトレード判断や安定したトレード成績を維持するのに重要です。トレードルールがあれば、感情に任せてギャンブルトレードしたり、一回で大きな損失を出すこともありません。

トレードルールを守ることが、最終的には継続して利益を積み上げていく早道なので、長期にわたって資金を増やすことを目指しましょう。

# 06 トレード記録は
習慣にしよう

> トレードした後に記録をつけるの
> 面倒……記録つけないといけない
> のかにゃ？

> 確かに面倒だけれど記録をつけないと、
> 自分のトレードの良い点や悪い点がわ
> からないし、後で見返して改善点を見
> つけていかないと、トレードが上達し
> ないよ。

> トレードが上手になりたいから習慣に
> するにゃ！

## 🔲 最初は完璧を求めず習慣化を！

　FXを始めた頃はやる気満々なので、トレード記録も完璧につ
けようとしますが、あまり最初から頑張り過ぎないのが、トレー
ド記録を長続きさせるコツです。多くの記録を残そうとすると、
だんだん面倒になり書くのが億劫になります。

　損切りになったトレードや利確がうまくいかなかったトレード

から学び、次のトレードに活かしていくことは大事です。

　ただ、あまりに悪い点ばかりを書くと、トレード自体が苦痛になってしまい、トレード記録を見返すのが嫌になってしまいます。

　トレードが終わったら、なるべく「今日はトレードルールを守れた」といった**良い点も書く**ようにしましょう。

　トレード結果が損失で終わっても、「結果は良くなかったけれど、計画通りにトレードできた」というように結果だけでなく、**自分が決めたトレードプロセスを実行できた**かどうかも重要なポイントです。

　忙しい時や体調が悪い時は、無理して完璧にトレード記録をつける必要はありません。そういう時は一行でも大丈夫です。

　トレード記録がきちんとつけられない日が続いても、少しでも記録をつけていくことを習慣にしていきましょう。

## ❷ 自分に合った方法でトレードを記録しよう

　トレード記録は紙のノートに手書き、エクセルやOneNoteなどのアプリを使うなど、自分に合った方法を選ぶといいでしょう。

　参考までに、紙のノートに記録する場合の一例を次ページで紹介します。

　ノート左側のページの中央に線を引いて、左半分はエントリー前の環境認識やテクニカル分析、トレード計画などを記録します。

　日足、4時間足、1時間足チャートのトレンド方向を確認し、上昇か下降かレンジかを記録します。

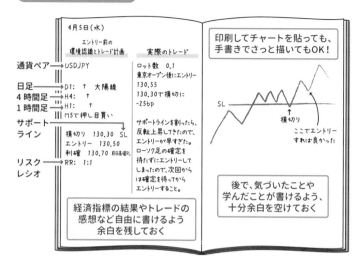

**トレードノートの例**

4月5日(水)

エントリー前の
環境認識とトレード計画　　　実際のトレード

通貨ペア→USDJPY

日足→D1:　↑　大陽線
4時間足→H4:　↑
1時間足→H1:　↑
　　　　　M5で押し目買い

サポート
ライン
損切り　130.30　SL
エントリー　130.50
利確　130.70　前日高値RL

リスク
レシオ→RR:　1:1

ロット数　0.1
東京オープン後にエントリー
130.55
130.30で損切りに
-25pp

サポートラインを割ったら、
反転上昇してきたので、
エントリーが早すぎた。
ローソク足の確定を
待たずにエントリーして
しまったので、次回から
は確定を待ってから
エントリーすること。

経済指標の結果やトレードの
感想など自由に書けるよう
余白を残しておく

印刷してチャートを貼っても、
手書きでさっと描いてもOK!

SL

損切り

ここでエントリー
すれば良かった

後で、気づいたことや
学んだことが書けるよう、
十分余白を空けておく

　その後、「どういう場面になったらエントリーするのか？」と
いったトレードの判断材料を書き、損切り、エントリー、利確の
目途を書いておきます。

　その場合、リスクリワードが1：1以上であるかも確認します。

　ノートを書くときは、自分がわかればいいので、なるべく省略
したり記号を使うと時間の節約になります。

　例えば、SLはサポートライン、RLはレジスタンスライン、上
昇は矢印↑を使うと便利です。

　実際に行ったトレードは、中央線の右側に記録します。

　「計画した通りトレードが実行できたか？」それとも「計画を
変更してトレードをしたのか？」、あるいは「トレードを見送っ
た」といったことを記録し、トレード結果を書きます。

　ページ下の空白部分は、トレードに関わることや気づいたこと
などを自由に書きましょう。

252

　右側のページは、エントリー、損切り、利確を示したチャートを印刷して貼るか、印刷できなければ、ざっとチャート形状を手描きで書いてもいいでしょう。

　あるいは、日付をつけてチャートを画像保存しておけば、ノートを見返すときにPCやスマホ、タブレットなどでチャートを見ながら、ノートを見返すこともできます。

　電子ノートであるOneNoteでトレード記録を残すのもおすすめです。まるで紙のノートのようにページに自由に記入することができます。

　ページのメニューから直接、画像のスクリーンショットができ、日付と時間もチャート下に自動で入力されます。ページ内で、エクセルやビデオ挿入もでき、ペンでマークすることもできるなど、トレード記録に便利な機能があります。

トレードノートをつけ始めてしばらくすると、改善点が見えてくるので、今度はその改善点を中心に記録をつけてみようね。

モカは、うまくいったトレードの後に、欲が出てもっと稼ぎたくなるの。それで、またトレードすると損切りなることが多いことがわかったにゃん。

だったら、うまくいったトレードの後は、トレードをしないようにするだけで、トレード成績が良くなるよ。

## ⚡ 週末はトレードノートを見返そう

　週末は、相場もお休みなので、**1週間のトレード記録を落ち着いて見直す**ことができます。

　週足チャートのローソク足も確定するので、週足チャートもチェックしておくといいでしょう。

　後でチャートを見返すと、「なんでこんなところでエントリーしたんだろう？」「利確が早過ぎたけど、あせっていたのかな？」など、トレードしている時には気がつかなかったことが見えてくることもあります。

　初心者の頃は相場が動いていると、どうしてもチャートの値動きに気がとられてしまいます。

　週末にゆっくりトレード記録を振り返り、翌週に気をつけることを書き留めたり、トレードで使っているチャートは綺麗に整理して見やすくしておきましょう。

---

**P**oint!　**トレード記録はなるべく具体的に書こう**

トレードの記録をつけるのに慣れてきたら、なるべく具体的に書いていくようにしましょう。例えば、「急上昇して、損切りなった」より、「米雇用統計発表後に、100bp上昇して損切りになった」の方が具体性があります。具体的に記録を残しておけば、あとで記録を見返した時に、「米雇用統計は相場が大きく変動する可能性があるので、ポジションを持つのはやめよう」というように改善策が打てます。

# FX初心者はシンプルな
# 過去検証を！

> トレードが上手になるには、チャートの過去検証は必要かにゃ？

> チャートの過去検証は、難しいイメージがあるし、実際、FX初心者であるほど、何をしたらいいのかよくわからないよね。でもシンプルな検証なら初心者でもできるから安心してね。

## ◉ チャートの過去検証をする意味とは？

　トレード手法や資金管理などのトレードルールを作ってみても、その方法で継続的に利益を積み上げていけるかどうかは、かなりのトレード数をこなしてみないとわかりません。

　デモ口座で、しばらくその手法を試してみるのもいいのですが、時間がかかるのが欠点です。

　その場合、自分のトレード手法やトレードルールに優位性があるか、**過去チャートを使って検証する**ことができます。

　取引通貨ペアのチャートで、自分がトレードする時間帯の部分を検証し、利益を出せるかも確認するといいでしょう。

例えば、東京市場の時間帯はレンジ相場になることが多いため、ブレイクアウトの手法を使うことは、あまり有効ではありません。

　他のトレーダーのトレード手法を使う場合も、実際にトレードを行う前に自分で検証し、トレード練習することが大事です。

## ❷ まずはシンプルな検証を！

　検証するトレード手法やトレードルールですが、最初は小学生に説明してできるぐらいのシンプルなトレード手法で検証してみましょう。

　次のチャートは、ドル円の1時間足のチャートです。

　単純移動平均線（SMA20）だけを使ってトレードできるかを検証してみます。トレード方法は次の通りです。

❶ ドル円1時間足チャートに単純移動平均線（SMA20）を表示

❷ ローソク足がSMA20を上抜けローソク足が確定したら、次のローソク足で買い、ローソク足がSMA20を下抜けローソク足が確定したら、次のローソク足で売り

❸ 買う時のSMA20は上向きか水平（下向きなら見送り）、売る時のSMA20は下向きか水平（上向きなら見送り）

❹ 損切りは、買いの場合、SMA20を上抜けたローソク足の安値、売りの場合はSMA20を下抜けたローソク足の高値

❺ 買いの利確はローソク足がSMA20を下抜けてローソク足が確定した時、売りの利確はローソク足がSMA20を上抜けてローソク足が確定した時

## 🔗 過去チャートを用いた検証

トレード検証の結果は次の通りです。

## 🔗 トレード検証の結果

| | エントリー | | 損切り | 利確／損切り | | pips |
|---|---|---|---|---|---|---|
| ❶ | 売りエントリー | 136.265 | 136.808 | 利 確 | 133.723 | ＋254pips |
| ❷ | 売りエントリー | 134.199 | 134.720 | 利 確 | 132.811 | ＋138pips |
| ❸ | 売りエントリー | 133.061 | 133.346 | 損切り | 133.353 | －28pips |
| ❹ | 売りエントリー | 132.196 | 132.401 | 利 確 | 131.746 | ＋45pips |
| ❺ | 買いエントリー | 131.707 | 131.230 | 利 確 | 132.323 | ＋61pips |

このようにトレンドが出ている相場では、シンプルな手法でも利益を出すことができます。

こういったシンプル手法での検証が終わったら、次にレジスタンスラインやサポートライン、その他のテクニカル分析を加えることで、トレードの精度が高くなるかどうかを検証してみましょう。

さらに、レンジ相場になったら、このトレード手法が有効かどうかの確認が必要です。

　**移動平均線**の特徴として、**レンジ相場ではあまり機能しない**という弱点があります。

　レンジ相場では、ローソク足が移動平均線を上抜けたり下抜けたりする動きになり、損切りになることが多くなります。

　そのため、レンジ相場の時は他のトレード方法も検証し、うまくいかないようであれば、**レンジ相場ではトレードはしない**という選択もできます。

> ここでは、5回の検証しかできていないけれど、少なくとも数年の過去チャートで検証してみてね。

> 日足や4時間足のチャートも検証してみると、さらに気づきがありそうだにゃ！

## ⬦ FX検証しても勝てないのはなぜ？

　よくあるFX初心者の悩みとして、デモ口座や過去のチャート検証では利益が出るのに、実際にトレードするとうまくいかないというものがあります。

　これは、実際の口座資金でトレードすると、自分の資金をリスクにさらすことで冷静な判断ができず、手法通りにできない場合があるからです。

　テニスに例えると、練習ではうまく打てるのに、試合になると

うまく打てないのに似ています。

　トレードでは、稼ぎたいという欲や損したくないという恐怖が出てきてしまうのです。

　淡々と検証通りの方法で、自分の資金を使ってトレードできるかは、いかにトレード練習とトレード経験を積んできたかに大きく関係します。

　最初は、少額のトレードから始め、徐々に自信をつけていきましょう。

今では、無料や有料で使えるFX検証ソフトやアプリがあるので、早く上達したい人は活用するといいね。

何ごとも練習と経験が大事にゃん！

**Point!**　**チャート検証をして資金を守ろう**

過去のチャートを使ってトレード手法を検証し、継続的に利益が出そうだと確認できれば、実際のトレードで損切りが続いたとしても、最終的には利益を積み上げていける可能性が高くなります。
新しいアイディアや改善策が出てきたら、実際のトレードで使う前にチャート検証しておくと無駄に資金を減らさずに済みます。

主婦におすすめな
デイトレード

> 自宅で比較的自由な時間がとれる主婦とモカは、デイトレードに挑戦するのもありね。

> 隙間時間を上手につかってトレードできるかにゃ？

## ◆ なぜFXは主婦におすすめなの？

「FXは主婦におすすめ！」いう広告宣伝を見たことがある人も多いでしょう。

主婦は自宅にいる時間が会社勤務の人より長く、落ち着いてチャートを見る時間がとれるのは大きな利点です。

トレードの収入で生計を立てるのは大変なことですが、基本、配偶者の収入で生活できているのなら、トレードのストレスは軽減されます。

これはかなり重要な点で、金銭的、精神的、時間的にも余裕のあるほうが、じっくりトレードに取り組むことができ、結果、うまくいきやすくなります。

パートより稼げる可能性はあるものの、継続的に安定した利益

が出せるようになるまでには時間がかかります。

　パートのように時給があるわけでもなく、トレードに長時間費やしても、損失で終わることもあります。

　ただ、一旦トレード技術を身につければ、副業として家計を助けることは十分可能です。

お洗濯終わったら東京市場が始まるにゃん

ドル円、動くかな？

## ✈ デイトレードのメリットとデメリット

　**デイトレードのメリット**は、就寝中にポジションを保有し続けることなく、**1日で売買取引が完結できること**です。

　特に、就寝中はニューヨーク市場の時間帯なので、重要な経済指標が発表されたり、相場が大きく動くことがあります。

　ポジションを保有していていると、含み損を抱えたり損切りになることがありますが、その心配もなく安心して寝られます。

　さらに、取引通貨のスワップポイントがプラスであれば良いのですが、マイナスの場合は、翌日までポジションを持ち越すと、スワップポイントを支払うことになります。

　デイトレードでは、**スワップポイントの影響を考える必要はありません**。

　デイトレードのデメリットは、取引回数が多いことから毎日の作業が多くなり、相場と向き合う時間が長くなります。毎朝、ニュースや経済指標の発表を把握し、チャート分析を行い、今日のトレード戦略を立て、エントリー機会を待つという作業があります。

そして、取引を終えたらトレード日誌をつけ、トレードで良かった点、悪かった点を見返さなければいけません。

そういう意味で、トレード全体に使う時間はスイングトレードより長くなるでしょう。

ただ、毎日チャートに真剣に向き合えば、当然トレード上達も早くなり、トレード経験値も積み上がります。

今日もトレードお疲れ様ー！
また明日がんばるにゃん

## 🔎 通貨ペアは１つに絞ろう

デイトレードでは、自分のトレード時間に動きの良い通貨ペアを見つけ、**通貨ペアを１つに絞る方法**がおすすめです。

トレードに慣れていない間は、じっくりと１つの通貨ペアに向き合い、丁寧にトレードを行うことが大事です。

１つの通貨ペアで利益が出せるようになったら、他の通貨ペアもトライしてみましょう。

デイトレードしていると、自分の通貨ペアの動きが悪く、他の通貨ペアの動きがよい場合があります。

大きく動いている通貨ペアのチャートを見ると、思わずトレードしたくなる場合がありますが、つい浮気心でトレードすると、損切りになり後悔することがあります。

そうなると、いつもの自分のトレードリズムが崩れ、トレードルールを守れなくなったり、その後のトレード判断に影響が出たりするので、日頃トレードしない通貨ペアのトレードは極力控えましょう。

## ⚡ アラート機能を活用しよう

　家事や育児、買い物など主婦も忙しく、常にチャートを監視できるわけではありません。そんな時は、**アラート機能を上手に活用**しましょう。

　チャート分析後、エントリーを考えている価格に近づいたら、アラートが鳴るように設定しておきます。

　アラートが鳴ってからエントリー準備をし、ローソク足の動きを見ながら成り行きでエントリーすれば、時間節約になります。

　アラート機能は、各FX会社のスマホアプリやMT4にもあるので、使いやすいものを選びましょう。

アラート機能を上手に使うと、チャートに張り付かなくてもいいにゃ。

FX会社のアプリの中には、価格のアラートだけでなく、ボラティリティや経済指標の通知機能もあるよ。

# ◉ トレードしない日を見極める

デイトレードだからといって、**毎日、トレードをする必要は全くありません**。

朝、チャート分析をして自分の得意なチャートパターンではない場合、無理にトレードをすると損切りで終わってしまうこともあります。

無理なトレードで資金を減らすより、トレードをせず資金を減らさない方が良いことは明らかです。

重要な指標を控え相場が様子見になっている状況で、新規ポジションを持つと、方向感のない相場に巻き込まれ、イライラしたトレードになることもあります。

いつもトレードしていないと落ち着かない状態は、**ポジポジ病**を発症する原因にもなるので、**トレードをしない時間の使い方も考えておくといいでしょう**。

## Point! デイトレードの時間がとれないならスイングトレードもあり

デイトレードは、比較的、時間のとれる主婦におすすめなスタイルですが、その分、毎日相場に向き合う必要があり、ある程度の時間が必要です。デイトレードが忙しいと感じるなら、スイングトレードに切り替えましょう。

中には家族に内緒でFXされている主婦の方がいますが、特別な事情がない限り、家族の理解を得ることが大事です。

# 初心者だからこそ
# 上手にナンピンを！

「下手なナンピンはすかんぴん」って聞いたことがあるから、ナンピンはしないほうがいいかにゃ？

適当なナンピンは、損失額が大きくなる可能性があるので、絶対にしてはいけないの。でも、ナンピンも計画的に使うと、有利なトレードができることも事実よ。

## ⚙ なぜナンピンはダメなの？

　FXトレードで、口座資金がすっからかんになる原因のひとつとして、**ナンピンで含み損が膨れ上がり、結果的にロスカット**になることが挙げられます。

　ナンピンとは、持っているポジションと逆方向に相場が動いてしまい、**含み損を抱えている状態でまた新たなポジションを追加**することをいいます。

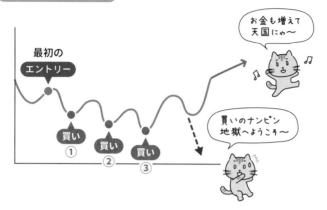

買い増しのナンピン

　買い増しのナンピンの例を見てみましょう。

　相場が上昇すると考え、買いエントリーをしたとします。しか**し、相場は下落してしまい含み損**を抱えてしまいます。

　最初の買いエントリーのポジションは、損切りせず保有しながら、①で買いのポジションを追加します。

　その後も、相場は反転上昇せず、相場が下がるごとに②さらに③で買いのポジションを追加します。

　買いポジション③追加後、ようやく相場が反転上昇し、保有しているポジションの含み損が含み益になります。

　しかし、③の買いの後、相場が下落を続けたらどうでしょう？含み損は膨らむばかりで、大きな損切りをするか、もしくはロスカットになるといった窮地に追い込まれます。

　売り増しのナンピンの場合も、同じ仕組みになります。

### 売り増しのナンピン

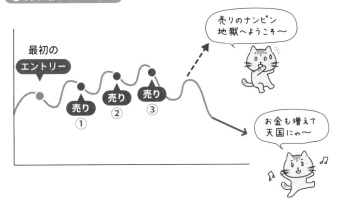

相場が下落すると考え、最初の売りエントリーをしたものの、相場が上昇してしまいます。そこで、相場が上昇するごとに売りのポジションを追加します。

ナンピンのポジションを抱えた後に、相場が反転下落してくれれば含み益になりますが、そのまま上昇してしまうと、**売りのナンピン地獄**へとまっしぐらです。

ドル円で具体的なナンピンの例を見てみましょう。

### ドル円のナンピン例

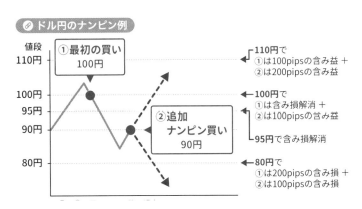

ドル円が上昇すると判断し、100円で買いポジションを持ったものの、90円まで下落したので、90円で買いポジションを追加。買いの場合、100円と90円でポジションを持ったことで、平均購入価格を95円に下げることができます。

　よって、②のナンピン買いの後に95円になると、含み損を解消することができます。

　②でナンピン買いをしなければ、100円に戻るまで含み損を抱えることになります。

　さらに、95円から上昇すれば含み益になり、110円まで達した場合は、大きな利益につながります。

　しかし、90円でナンピン買いした後に、相場が下落した場合は、含み損は拡大していき、損切り額が大きすぎて損切りできない、というナンピン地獄に陥ります。

## 🔷 初心者が上手にナンピンを使う方法とは？

　このように天国と地獄がはっきりしているナンピンなので、特に、**初心者は避けたほうがいい**という意見はごもっともです。

　でも、それは資金管理や無計画なナンピンをするからであって、あらかじめ、損切額とナンピンの数を決めておけば、通常のトレードと変わりはありません。

　初心者にとって、上昇トレンド相場や下降トレンド相場に上手にのろうとしても、悩ましいのがエントリータイミングです。

　エントリーは早すぎると含み損に耐える時間が長くなり、遅すぎると損切幅が大きくなります。

　実際、初心者でなくてもいつも最高のポイントでエントリーができるとは限らず、一旦エントリーしても、その後もっと良いエントリー機会がやってくることがあります。

## ⊘ ナンピンをする時の心得

ナ
ン
ピ
ン
を
す
る
時
の
心
得

❶ 長期のトレンドに逆らわない
❷ 分析後にエントリーの目処を決める
❸ 損切りポイントを決める
❹ 1回のトレードの損切額が資産の2%であるなら、ナンピンを含むトレードも1回と考え、2%に収まるようにロットを分割する
❺ 決めたナンピンの回数は絶対に増やさない

　次はポンドドルの1時間足のチャートで、ナンピンの例を見てみましょう。

　下落相場なので、戻り売りのエントリーをどこにしようかと考え中です。フィボナッチを高値から安値まで引き、38.2%戻しのレベルで推移している時に、最初の売りポジションをしました。ただ、50%まで戻る可能性もあるので、ポジションは通常の半分にしました。

## ⊘ ポンドドルのナンピン例

この場合、余裕をもって、61.8％の上に損切りを置くことをあらかじめ決めておきます。

　その後、50％まで戻したので、短期足で上昇が止まったのを確認し、①と②の損切額の合計が資金の2％を超えないことを確認して、残り半分のポジションをナンピン売りします。

　利確の目途は、フィボナッチを引いた安値あたりで、不利なエントリーの①を先に利確し、有利なエントリー②は、なるべく利益を伸ばせるよう長めに保有してもいいでしょう。

　このように予めナンピンを計画しておけば、有利なエントリー機会が来た時に、利益が大きく伸ばせる機会を逃さずに済みます。

　しかし、エントリー①の損切り額が資金の2％に設定されていると、絶好のエントリー機会がきても、②でエントリーすることができないでしょう。

### Point! **ナンピンは順張りで使おう**

初心者がナンピンを活用する時は、上昇トレンド相場なら買いで、下降トレンド相場なら売りのナンピンができるよう、デモ口座で練習してみましょう。
相場が一方的に勢いよく動いている時に、逆方向に入っていくナンピンは、初心者には難易度が高く、大きなリスクになります。

# STEP

# 7

# FX成功のカギは
# 資金管理

分析手法を学ぶだけでは、なかなか資金は増えま
せん。
資金管理ルールを徹底して、堅実にお金を増やし
ていきましょう。

# FXは
# 何が起きるかわからない

最近、勝ちトレードが続いていて絶好調。ロット数、増やしてトレードしようかにゃ？

モカにゃん、ちょっと待った！　ロット数を増やした時に限って、思いもかけないことが起きるから、注意してね。

## 🔄 突然起きるフラッシュクラッシュとは？

　早朝、チャートを見ていたら、突然、相場が暴落！

　チャートの後ろから絶叫が聞こえてきそうな、かなり衝撃的な状況です。眠気もお金も一気に吹っ飛びます。

　**フラッシュクラッシュ**とは、取引量の少ない早朝などに起きることがあり、突然、相場が暴落することです。**AIや自動売買によるアルゴリズム取引**などが、相場の急変を引き起こすことがあります。

　数分で暴落すると、損切り注文の価格で約定せず、想定以上の大損失や最悪ロスカットになることもあります。

　これに関して個人のFXトレーダーが出来ることは、年末年始

や早朝など取引が少ない時間帯には**ポジションを持たない**、あるいは**取引しない**ことです。

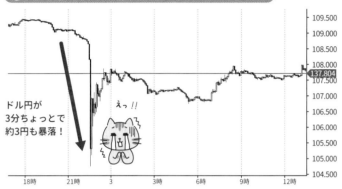

ドル円が
3分ちょっとで
約3円も暴落！

えっ!!

数年に1度ぐらいしか起きないけど、忘れたころにやってくるのよ。

だから油断してると、巻き込まれることがあるんだにゃ。

## 🔺 地政学リスクに注意

FXは世界の通貨を取引するので、様々な国の地域的そして政治的なリスクの影響を受けます。

戦争や紛争などの軍事的・政治的な緊張が高まると、経済や金融市場の先行きが不透明になります。

STEP

7

FX成功のカギは資金管理

そういった状況では、為替市場の参加者は懸念材料を抱えながら取引することになり、問題視されているニュースが出るたびに、敏感に反応し相場が大きく変動します。

どんなニュースがいつ出てくるかは誰も予測できないだけに、ニュース発表時にはどうしても変動幅が大きくなります。

損切りになっても大きな痛手を受けないよう、しっかり資金管理をしておくことが大事です。

## ◢ 介入による相場急変も

FXの相場はファンダメンタルズを反映し決まるものですが、急激な為替変動は、経済に悪影響を及ぼすことがあります。これに対処するため、中央銀行の通貨の売買による**為替介入**が実施されることがあります。

2022年9月に24年ぶりに日銀が為替介入を実施したのは、記憶に新しいところです。米国と日本の金利差が拡大し、ドル円が急上昇。さすがに、日銀も介入せざるをえなかったようです。

この時、ドル円のチャートは右肩上がり、スワップ金利狙いで、買いポジションを持っていた人もいたでしょう。この介入時には約5円急落したので、**資金管理を怠っていた人はロスカット**になったはずです。

実際に介入が行われる前、政府高官などが介入をにおわすような発言や動きがあることがあります。

そのようなニュースが出たら、警戒感を持って日頃よりさらに資金管理に気をつけてトレードしましょう。

## ◢ 資金管理ができる人はFXを制す

FXというと稼ぐことばかり考えがちですが、本当のところ、**FXで一番大事なことは資金管理**です。

いくらトレードが上手でも、資金管理ができないと、いつか大損失に見舞われることになります。

たった一度の資金管理のミスでも、あっという間に口座資金を吹き飛ばしてしまうことがあります。一発逆転や爆益を狙うために、**ロット数を極端に上げたりした時**に限って、望まない方向に相場が大きく動いたりするものです。

もちろん、資金管理を無視して、大きな利益を得ることもありますが、いつかは大きな損失やロスカットを経験することになります。

資金管理をしっかり行い、**最初は少額でも積み重ねていく方が、最終的に大きな利益につながります**。

痛い思いをして初めて、
資金管理の重要性に気づくんだにゃ。

本当は痛い思いをする前に気づきたいよね。

**Point!** 調子がいいときこそ、資金管理に気をつける

何年もＦＸトレードをしていると、様々な相場状況を経験しますが、初心者は経験が浅いため、資金管理が甘くなることがあります。
特に、ビギナーズラックで調子がいいと、つい資金管理を怠ってしまう場合もあります。
そんな時に限って、まるで相場の神様が意地悪したかのような、相場の急変が起きることがあります。資金管理は命綱だと心得ておきましょう。

# FX初心者は
# いくらから始める？

> 初めてFXの口座に入金して、トレードを始めようと思うけど、いくら入れたらいいかにゃ？

> 人によって違うけれど、「口座資金が全部なくなっても大丈夫」と思える金額だけ入金してね。

## ◉ 最初は少額からスタートしよう

FXは、比較的少額でも大きな額の取引ができるので魅力的ですが、初心者の場合は、**無理のない資金額から始めること**が大変重要です。

デモ口座で利益が出ると、口座に大きな資金を入れ早く増やそうと思う人もいますが、デモ口座のトレードと自分の資金でリスクを取ってトレードする場合とでは、感覚的に全く違います。

テニスに例えれば、デモ口座は練習試合、自己資金を使うトレードは賞金のかかった国際試合と考えるとわかりやすいです。

デモ口座は、自分のお金が減るわけではありませんが、実際の口座では自分のお金が増えたり減ったりするのを目の当たりにす

るので、大きなストレスと緊張感を感じるはずです。

　デモ口座の100万円が200万円になったと喜んで、全財産を口座に入れ「倍にしてやろう！」と張り切ってトレードをすることはやめましょう。それは、ビギナーズラックだった可能性もあります。

デモ口座ではうまくいったのににゃんでー？

　**FX口座に入れる資金**は、**全損失してもお勉強代だと割り切れる額**だけ入れましょう。つまり、全損しても「家族にとがめられない」、「生活費にも全く影響がない」金額が良いでしょう。

## ➡ 具体的にはいくらがいいの？

　FXは**レバレッジを使って資金以上の取引が可能**なので、少額からでも高い利益を目指せますが、もちろん**大きな損失が出るリスクも増大**します。

　初心者の場合、相場経験も浅くファンダメンタルズ分析やテクニカル分析も改善余地がある中で、自分の資金をリスクにさらしながらトレードするのは簡単なことではありません。

　FX会社の中には、1万円から始められる口座もありますが、多少の犠牲を払わないと、人間はなかなか真面目にトレードに向き合えないので、**10万円程度**から始めてみるのはどうでしょう。

　取引資金が10万円の場合、**国内で最大のレバレッジである25倍だと250万円相当の取引が可能**です。

　しかし、最初から最大限にレバレッジを上げて取引するのはリスクが大きすぎるので、自分のトレードルールを守って、トレード手法が有効であるのかを確認できるまでは、**2から3倍程度の**

レバレッジでトレードの経験を積みます。

　まずは、10万円を20万円まで増やせるか、つまり**倍にすることができるかを最初の目標**にしましょう。

　そして、20万円にできたら10万円出金し、再び10万円から始めると良いでしょう。

　それぐらい慎重に始めると、なるべく資金を守るというマインドや習慣が徹底するはずです。

> FXをせっかく始めても、すぐに口座資金を失くしてしまって、FXをやめてしまう人が多いの。

> 資金がないとトレードできないもんにゃ〜。

> 1から1000通貨で取引できるFX会社を選んで、低いレバレッジから始めようね。

## ◉ 複利を味方につけて資金を増やす

　少額からでも複利を味方につければ、口座資金を増やすことができます。**FXの複利トレード**は利益が出たら、その利益を資金に含めてトレードしていくことです。

　最初は小さな利益でも、時間が経つにつれて大きく増やすことが可能です。

　例えば、口座資金10万円を毎日資金の1％の利益を上げて、

その利益を資金に含めてトレードしていくと、1日目は10万円×1％＝1,000円の利益が出ます。2日目は、10万1000円×1％＝1001円の利益になります。

　資金が少額の間は増え方が遅く感じますが、資金が大きくなると加速して増えていきます。

　サーチエンジンで「FX複利計算」を検索すると、FX複利計算のシミュレーションをしてくれるサイトがあります。

　サイトでは、自分が用意できる口座資金の額、取引する通貨ペア、レバレッジ、1日の獲得ピップス、ロット数（枚数）上限、通貨単位を入力すると、何日目にはどれぐらい資金が増えるかをシミュレーションしてくれます。

モカ妄想中…

はやく億トレになりたいにゃー

　シミュレーションでは、毎日の獲得ピップスが10pipsでも、途中から加速的に資金が増えていくので思わず興奮してしまうのですが、毎日必ずしも10pips取れるかはわかりません。しかも、損失が出る日もあるでしょう。

　あくまでもシミュレーションなので、この通りにいかないのが現実であることは理解しつつも、複利の効果を見て、わくわくするのはFXをするモチベーションにもつながります。

---

Point! **まずは資金を増やすより守る**

　まずはデモ口座でトレードをしながら、自分に合ったリスク許容度やトレード手法の確立をすることが重要ですが、ある程度の自信がついたら、自分の資金を使ってトレード経験を積みましょう。
　トレード技術が上がれば、資金を増やすスピードも上がります。最初はあせらずに少額から始め、まずはトレードが続けられるよう、資金を増やすより守ることを一番に考えてトレードしましょう。

## SECTION 03 真っ青にならない損失額は？

> FXを続ける限り、損失が出ることからは免れないので、自分がどれぐらいの損失なら受け入れることができるか、前もって知っておくことが大事ね。

> モカの場合、1回のトレードで猫缶1ダース分の損失が出たら、真っ青になるにゃ〜！笑

## ⚡ ストレスにならない損失額は人それぞれ

　FXに損失はつきものとはいえ、損失額に対する「重さ」の感じ方は、自分の経済状況やライフスタイルによって大きく変わります。

　例えば、年収1000万円の人が10万円損失した場合と年収300万円の人が10万円損失した場合では、同じ10万円でも重さや損失した時のストレスの大きさは違うはずです。

　学費がかかる子供がいる家族と独身では、毎月かかる生活費はかなり違いますし、2000万円の貯金がある人とほとんど貯金

がない人では、精神的な余裕も違うでしょう。

トレードでポジションを持つ前に、**最悪いくらまで損失を受け入れることができるのかを、常に考えておく**必要があります。

そして、最悪の損失が出た場合でも「まあ、そういうこともあるよね〜」と割り切れ、毎日の生活やメンタル面にも影響が出ない額であるべきです。

トレードを始める前に、じっくりと自分会議をして、1日、1カ月、年単位でどれぐらい損失額を許容できるのかを考え、**その損失額に達したら、すぐにトレードを中止**することが重要です。

初心者の頃は、まず生き残ることが大事で、「真っ青になるような損失額」を出してしまうと再起不能になるので要注意です。

## ◎ 真っ青になるような損失額を出さないためには？

FXでは、いかに損失を抑えながらトレードを続けるかが一番重要になってきます。想定以上の損失を出さないように、資金管理のルールを徹底しましょう。

ステップ6の5節でも触れたように、「**1回のトレードの損失額は口座資金の2%まで**」と決めれば、損失額を限定できます。

そのためには、**ポジションを持つ前に必ずストップロスオーダー（逆指値注文）を設定**し、エントリー後は絶対にストップロスを動かさないことが重要です。

**ストップロスオーダー**は、設定した価格に達したら自動的に決済してくれるので、とても便利な機能です。

例えば、口座資金が10万円で1回のトレードの最大損失額は2000円なので、ストップロスで決済された場合、損失額は2000円を超えないはずです。

「これで安心！」と思いたいのですが、ひとつ注意すべきことがあります。

相場が何らかの理由で急変動した場合、設定したストップロスの価格で決済されないことがあります。

これは「スリッページ」と呼ばれ、**逆指値注文した価格と実際の決済価格とに差が生じること**を言います。

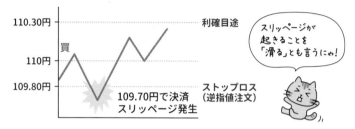

110.30円 ————————— 利確目途

買

110円

109.80円 —————————

109.70円で決済
スリッページ発生

ストップロス
（逆指値注文）

スリッページが
起きることを
「滑る」とも言うにゃ！

例えば、ドル円を110円で買いエントリー、損切りを109.80円、つまりエントリーから20pipsで損切り決済することに決めたので、**逆指値注文**を設定しました。その後、ドル円が急落しスリッページが発生、109.80円で決済されず、10pips安い109.70円で決済されてしまいました。つまり－30pipsで決済されたので、想定以上の損切り額になってしまいました。

ちなみに、不利な方向だけでなく、有利な方向ですべる場合もあります。利確注文を出している場合、有利な方向で利確注文がすべると、ちょっと得した気分になります。

また、スリッページのずれ幅の許容範囲を設定し、リスクを軽減できるFX会社もあります。

**Point! FXの損はFXで取り返さなくてもいい？**

真っ青になるような損失額を出した後、絶望的な気分になったり、自己嫌悪に陥ったりしますが、大きな損失が出ても、「自分はダメな人間だ！」と自分を責める必要はありません。FXが人生の全てではなく、FXでなくても収入を得る方法は山ほどあります。
FXで大きな損失を出した場合、FXで取り戻そうとせずに他から収入を得て、余裕が出来たら、再度挑戦するほうが賢明な方法と言えます。

# 損切りしたら
# 自分をほめよう！

損切りして、気分はとてもブルーにゃ～（泣）。

誰でもお金を失うのは気分良くないよね。でもルール通りに損切りしたモカはえらい！

## 🔍 損切りしないとお金は増えない！？

「損切りしたらお金は減るのになぜ？」と思うかもしれませんが、損切りしないともっと大きなお金を失うことになります。

例えば、50万円の口座資金があり、2万円の損切りをすると48万円に減りますが、損失を埋めるのは難しいことではありません。

しかし、損切りせずに含み損を持ち続け、その含み損が25万円になったと想像してください。

エントリー価格に戻って欲しいと**お祈りトレード**になり、精神的にも大変つらい状態が続きます。

最終的には、口座資金を失う恐怖に耐えきれず、仕方なく損切りにすることになります。

口座資金が48万円と25万円。2万円なら比較的早く戻せても、すでに半分に減った口座から25万円を戻すのは、大変な労力になります。せっかく利益をコツコツ積み上げても、損切りできず何度も大きな損失を出してしまうと、残念ながらお金は増えていきません。

## ◢ どこで損切りするかが重要！

FX初心者によくあるのは、チャートを開いた時に相場が動いていると、チャンスを逃したくないという焦りから、思わずエントリーをしてしまうことです。

エントリーした後、「さて損切りはどこに置こう？」とチャートを改めて見てみると、エントリーから非常に離れたところに損切りを置かなければならないことに気づきます。

← 上昇しているのを見て思わず買いエントリー

えっ

こんなに損切りから遠かった！

── 損切りポイント

トレードでは、「どこでエントリーするか？」が注目されがちですが、実は「**どこで損切りするか？**」がとても重要です。

チャートを開いたら、まずチャート分析を行い、エントリー前に損切りをどこに置くか考えましょう。

損切りポイントが決まると、有利なところでエントリーポイントを探ることができます。

**一度、損切りポイントを決めたら、必ずそこで損切りを実行しましょう。** 損失を出したくないからと、損切りをずらすことは悪癖になるのでやめましょう。

## 🔸 根拠がないから損切りできない

FX初心者のうちは、どこに損切りすればいいのか見極めることが難しいので、**pips数や損失額で損切りする方法**もあります。

ただ、その損切り方法は、相場都合ではなく自分都合にすぎません。**損切りポイント**は、テクニカル分析を使って判断すると、自分なりの根拠で損切りすることができます。

テクニカル分析を使う損切り方法には、サポートライン、レジスタンスライン、トレンドラインや前日の安値や高値、100円などのキリのいい価格、ダウ理論、チャートパターンなど様々です。

トレードスタイルによっても損切り方法は違いますが、トレード経験と練習を重ねると、根拠のある損切りができるようになります。根拠があれば、損切りを躊躇なくできるようになります。

## 🔸 損切りした時のルールをつくろう

損切りすると悔しさのあまり、すぐにドテンしたくなりますが、これは大変危険なトレードです。

**ドテン**とは、保有のポジション（買いもしくは売り）を決済して、逆のポジション（売りもしくは買い）を持つことです。

下図のように、ドテンしたところがだましで、自分が最初に持っていたポジションの方向に戻ってしまうこともあるので、値動きを見極めることが重要です。

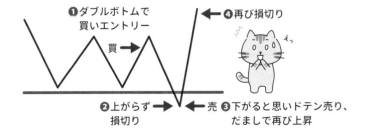

❶ダブルボトムで買いエントリー
❹再び損切り
買
❷上がらず損切り
売
❸下がると思いドテン売り、だましで再び上昇

そうなると、いわゆる「往復ビンタ」をくらうことになり、2度続けて損切りすることになります。

　このように、損切りになった場合は一度チャートから離れて、お茶を飲んだり散歩したり、休憩するようにしましょう。

　損切りした後の行動は大変重要なので、「損切り後のルール」をつくっておくと良いでしょう。

　例えば、「損切りしたら、チャートから15分離れる」といった**損切り後の行動ルール**を決めておきます。

　ロボットと違って、人間はフラストレーションや怒りなど負の感情を持ちながらトレードしても、良いトレードはできません。損切りした後のルールをつくっておけば、トレード結果は違ったものになります。

損切り上手はトレード上手だから、ルール通りに損切りできたら、めいっぱい自分をほめてね。

損切りできたら自分をほめて、いっぱいおやつを食べるにゃん！

**Point!** 　**損切りは上達への道だが、続くのはよくないサイン**

　損切りを決めたとおりに実行できたら、トレードが上達する道を進んでいるので心配はいりません。プロのトレーダーも、損切りをしながら月単位や年単位で利益を積み上げているのです。
　ただ、あまりに損切りが続くと「損切り貧乏」になってしまいます。負けトレードが続く場合は、一旦トレードを中断して、問題点を探りましょう。損切りになったトレードは、レッスン代を支払ったと思って次のトレードに活かしていきましょう。

## SECTION 05

# リスクリワードの理想と現実

なるべくリスクを抑えて、利益を大きくしたいけど、実践するのは難しいにゃ。

最初は損小利大は難しいよね。まずは、リスクリワードという指標を使って、自分のトレードが損小利大なのか損大利小なのか、もしくはトントンなのか評価してみてね。

## 🔶 リスクリワードと勝率とは？

**リスクリワード**（英語ではRisk-Reward）は、トレードする際にどれだけのリスクを取り、どれだけのリワード、つまり利益を得るかを比率で表したものです。

次のチャートで具体的な例を見てみましょう。

下降トレンドなので、売りのエントリーを考えています。レジスタンスラインでダブルトップになり、移動平均線を割り込んだので売りエントリーをしました。

この場合、レジスタンスラインの上に損切りを設定、1,000円のリスクを取り、リスクリワード1：1にすると**利確目標①**では

1,000円の利益、1：2にすると**利確目標②**では2,000円の利益、1：3にすると**利確目標③**では3,000円の利益が出ます。

🔗 リスクリワード（例）

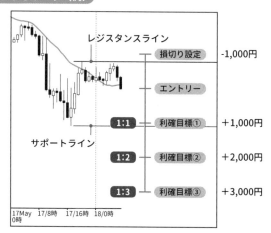

トレードを続ければ、当然、勝ち負けを繰り返すため、リスクリワードのリスクは低く抑え、なるべく利益を最大化していくのが理想です。

**理想的なリスクリワードの比率は１：２から１：３**と言われていますが、これを実現するには、**エントリーのタイミング、損切りや利確のポイントが適切であることが必要**です。

**トレードの勝率**は、トレード合計数から利益が出たトレードの割合です。例えば、100回トレードをした結果、62回利確できた場合、勝率は62％になります。

勝率が低くてもリスクリワードの比率が高ければ、利益を残せる場合もあり、勝率だけではトレードで良い成績を出しているかは判断できません。

リスクリワードと勝率は、トレードの結果を評価するために重要で、相互に関連していることを覚えておきましょう。

## 🔄 リスクリワードと勝率のバランスが重要！

リスクリワードと勝率のバランスは、自身のトレード手法や利益目標、損失許容度などで変わってきます。

**勝率が高めのトレード**手法は、**リスクリワードの比率が低くなる**傾向があるため、コツコツと小さな利益を積み重ねていくことになります。そのためには、エントリーポイントを正確に行い、損切りも躊躇なく行う判断が必要になります。

一方、**勝率が低めのトレード**は、利益を出すトレードの数自体は少ないのですが、**リスクリワードの比率が高くなる**傾向があるため、大きな利益を狙うことになります。

つまり、勝率よりもリスクリワードの比率を重視することになります。

このように、トレード手法によっても、リスクリワードと勝率のバランスは変わってくるので、自身のトレード手法に合ったバランスを見つけていきましょう。

## 🔄 初心者はリスクリワード１：１を目指そう

初心者がトレードの経験を積んでいる場合、リスクリワードを１：２以上が理想的だと言われても、その比率を維持するのは難しいと感じるのは当然です。

まだエントリーの精度が高くないので、リスクリワードにとらわれ過ぎると、エントリーができなくなってしまいます。

例えば、損切りを1,000円、利確を1,000円に設定すると**１：１のリスクリワード**になりますが、勝率が50％以上でないと利益を残すことができません。

最初は利益を残すというより、口座資金を減らさないことを優先にしましょう。勝率が50％ほどであれば、口座資金は増えは

STEP
7
ＦＸ成功のカギは資金管理

しませんが、あまり減ることもありません。

　口座資金が増えないとつまらないと感じますが、この間にテクニカル分析の精度を上げ、実践したトレードを見直し、エントリータイミングの精度を上げ、損切りや利確のポイントを改善していけます。

　リスクリワードを改善しようと、テクニカル分析を無視して、利益目標を上げたり、損切り幅を狭くしたり、あせってエントリーしないよう気をつけてね。

　リスクリワードはあくまで自分の都合。相場に合わせることが大事だにゃ。

### Point! ポジションを持つ前に許容する損失と利益は計算すること

理想的なリスクリワードを実現するのは難しいことですが、ポジションを持つ前に、許容できる損失と予想される利益の比率を必ず計算しておくことが大変重要です。
計算の結果、リスクリワードが1：1以下の場合はエントリーを見送り、1：1以上になるまでエントリーを待つといった習慣をつけましょう。
この習慣をつけるだけでも、初心者にありがちな高値掴み安値掴みを減らすことができ、利益も改善されます。

## 06 資金管理はメンタル管理

FXトレードではメンタルが大事だってよく聞くけど、資金管理をきちんとしていれば、メンタルもコントロールしやすそうだにゃ。

確かに、自分が決めた資金管理のルールで利益が残せることがわかっていれば、損切りになっても、メンタル崩壊にはならないわよね。

損切りしても「はい、次のトレード！」って、気持ちを切りかえられるにゃん！

### 🔗 そもそもFXのメンタル管理ってなに？

　会社員であれば、基本は月末にお給料が入りますが、FXトレードではお給料どころか口座資金が減ることもあり、会社員とは違う心理状態や感情を経験することになります。

　**FXのメンタル管理**とは、相場への恐怖、損失への怒り、爆益の喜び、もっと稼ぎたい欲望、自信過剰や喪失など、様々な感情をコントロールする能力のことを指します。

相場が予想通りに動かなかったり、利益が出ていたのに利確に失敗して、結局、損切りになったりすると、負の感情が出てきて、通常ではしないようなエントリーをしたり、ロット数を上げたりして、後悔することになります。

　負の感情が湧いてきた時のメンタルコントロールは、非常に難しく感じられますが、実は**正の感情もしっかりコントロール**しなければいけません。

## ✢正の感情のコントロールって何？

　例えば、トレードの調子が絶好調で連勝が続いていると、「自分は天才かも？」と勘違いしてしまい、早く稼ぐためにトレード回数を増やしたり、ロット数を増やしたりすることもあります。

　正の感情と負の感情は正反対なのに、同じような行動をしてしまうなんて不思議ですね。

　FXトレードでは、トレード準備している時、エントリーする時、ポジションを持っている時、損切りした時、利確した時、トレードが終了した時など、様々な段階があります。

　その各段階でどんな感情が出て何を考え、その結果、どんな行動をしたかを、トレード日記にメモしておきましょう。

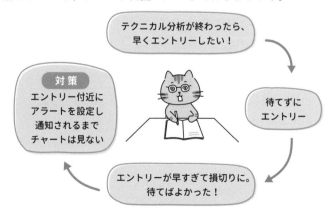

感情や考えをきっかけに起こした行動が、悪い結果になるのであれば、対策を立てて行動を修正していきます。

人間なので、さまざまな感情が出てしまうのは仕方ありません。その感情を抑えるのではなく、その感情が悪い行動を起こすきっかけにならないよう、具体的な対策を立てておくことが大事です。

どうしてもつい衝動的にトレードしたり、資金管理ルールを破ってしまうにゃ〜。

そういう場合は、1日10分でもいいので瞑想を続けてみてね。瞑想を習慣にすることで、心の動きに気づいたり、集中力を向上させたり、ストレスを軽減する効果が期待できるのよ。

## ⏺ 資金管理をしてメンタル管理しよう

為替相場では、ファンダメンタルズおよびテクニカル分析を徹底的に行いトレード計画を立てても、どのような動きになるかは誰にもわかりません。

どんな相場になるかわからないうえに、資金管理もしていないと、「最悪どれぐらいの損失が出るのか？」あるいは「どれだけの利益が見込めるのか？」が、さっぱりわからない状態でトレードすることになります。

そんなわからないことだらけの中でトレードをすると、相場が

思い通りに動かないとイライラしたり、いつの間にか大きな含み損を抱えて冷や汗をかいたりすることになり、平常心を保ってトレードをすることはできません。

口座資金は10万円、1回のトレードの許容損失額は資金の2%の2,000円にゃん

今日はドル円を買うにゃ！損切幅まで20pipsなので、ロット数は0.1※にゃん

※1ロットが10万通貨の場合

リスクリワードは1：2なので、利益幅は40pips！利確した場合は4,000円の利益にゃん

資金管理バッチリでメンタルバッチリ！

　資金管理がきちんとできていれば、相場の動きに一喜一憂することなく、淡々とトレードに向き合うことができます。

　資金管理は地味な印象があり、X（旧ツイッター）でも資金管理の話より、トレードの勝ち負けばかりがポストされてしまいます。そのため、初心者が資金管理を軽視してしまうのも無理はありません。

　裏を返せば、トレードで生計を立てている専業トレーダーは、資金管理をすることが当たり前なので、わざわざポストしないのかもしれません。

　資金管理をしているからこそ、安定したメンタルを保ちながら、一貫したトレードができるようになっていくのです。

**Point! 自分がコントロールできることに集中しよう**

資金管理を無視しそうになったら、ジェットコースターにシートベルトなしで乗ることを想像してください。ジェットコースターは為替相場、資金管理はシートベルトです。そう考えると、資金管理なしのメンタル管理は不可能と言えるでしょう。

相場をコントロールすることはできないので、自分がコントロールできることに意識を向けることが大事です。相場がどう動こうと、資金とメンタル管理ができていれば、相場の荒波を乗り越えています。

# STEP
# 8

# FXでスランプに陥った時の
# 6つの処方箋

初心者もプロも、トレードをしていると時々スランプに陥るものです。トレードの調子が悪いと感じたら、早めに正しく対処し、大きな損失を出さないようにしましょう。

# SECTION 01 FXから離れて、しばらく休憩しよう

最近、トレードで負けてばかりにゃん。

損失が大きくなる前に、トレードはお休みしたほうがいいよ。

## ⚡ 格言「休むも相場」に従おう

トレードがうまくいかず、損失が続いている時は一旦、思い切って休みましょう。古くから「**休むも相場**」という格言があり、株式相場でよく使われますが、為替相場でも同じことが言えます。

常に相場に向き合っていると、知らず知らずのうちに相場にのめり込み、大局が見えなくなったり、本来ならトレードしない場面でトレードしてしまうことがあります。

一度、冷静になる意味でも、数日から1週間ほど相場から離れてみることをおすすめします。

どうしても相場と関わりたいのであれば、過去のトレード記録やチャートをじっくり見返しましょう。今まで気づかなかった改善点が見つかるかもしれません。

十分休んでから相場に戻ると、新鮮な気持ちでFXに取り組むことができます。

## 🔅 口座資金の半分が吹き飛んだ!?

日頃、自分のトレードルールに従っているつもりでも、負けトレードが続くと、つい損を取り戻そうと**リベンジトレード**をしたり、ポジションを持っていないと落ち着かないポジポジ病に陥ったりします。

そうなると、あっという間に口座資金を失ってしまうことがあります。ポジポジ病にかかった時点で、自分が計画したトレードをしていないことに気づかないといけません。

熱くなっていると、無我夢中に損失を取り戻そうとしてしまう場合があります。

そういう場合は、**ただちにトレードから離れましょう**。下手したら口座資金を全部失ってしまうこともあります。

大損失を出すと、後悔の念から自己嫌悪に陥り、精神的に大変つらい思いをすることになります。

STEP
8
FXでスランプに陥った時の6つの処方箋

FX初心者の間は、儲けることより口座資金を減らさないよう気をつけようね。

口座資金を失くしたら、トレードができなくなるにゃん。

## 🔖 ストレスと疲れがたまっている

　トレードで損切りが続く場合、トレード自体の問題ではなく、**肉体的や精神的な疲れが原因**のこともあります。

　非常に疲れている時や大きな悩み事を抱えている時は、良いトレード判断ができず負けトレードが続き、スランプに陥ったと感じるかもしれません。

　トレードの場合、一度のミスが命取りになることもあります。例えば、「エントリーした後、損切り注文を入れるのを忘れて寝てしまい、朝起きたら大きな含み損になっていた」という経験をした人もいるでしょう。

　疲れているならトレードしなければ良かったと後悔し、さらに気分が落ち込んでしまいます。

　チャートを見ると、トレードをしたくなる気持ちが出てきますが、「**明日も明後日も相場はある**」と自分に言い聞かせ、十分元気な状態になるまで、トレードは休みましょう。

---

### Point!　スランプに陥ったらとにかく休む

FXでスランプに陥ったと感じたら一旦、トレードを休み、スランプの原因を探ってみることをおすすめします。
「トレードルールを違反していた」、「いつもと違うトレード手法でトレードしていた」、「精神的に疲れていてトレードが雑になっていた」など、様々なスランプの原因があるはずです。
スランプの原因がわからないままトレードを継続し、口座資金をさらに減らすことだけは避けましょう。

# 小学生でもできる？<br>シンプルに考えよう

なんでトレードがうまくいかないのか、よくわからなくなってきたにゃ。

もしかしたらチャートに色々なインジケーターを入れ過ぎて、トレードが難しくなってるのかも？

## 🔖 チャートはなるべくシンプルに

　FX初心者の頃は、様々な手法や便利なテクニカル指標などのインジケーターを試したくなるものです。いつの間にか、チャートがインジケーターや線だらけになっていることがあります。

　トレードの不調は**複雑なチャートが原因**かもしれません。

　もう一度、チャートに不要なインジケーターがないか確認し、必要なければ削除しましょう。

　使っているつもりのインジケーターでも、**本当に使いこなしているのか再度確認**することが重要です。

　わからなくなったら、一旦、思い切って全てのインジケーターや水平線など削除し、ローソク足だけにしてみましょう。

　そうすると、ローソク足が出しているシグナルを、トレード判

断に使っていなかったことに気づくかもしれません。

　ローソク足だけになったチャートに、必要なインジケーターを
ひとつずつ足していきましょう。

　水平線やトレンドラインは、効力がなくなったら削除し、常日
頃、見やすくシンプルなチャートの維持を心掛けましょう。

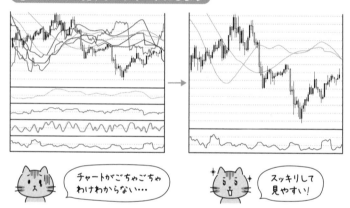

シンプルで見やすいチャートにしよう

チャートがごちゃごちゃ
わけわからない‥‥

スッキリして
見やすい！

## 🏹 自分のトレード手法は小学生でもできる？

　テクニカル分析や手法は色々な要素を絡めて、複雑にした方が
トレードの勝率が上がるような気がしますが、そんなことはあり
ません。

　**分析や手法を複雑にすればするほど、トレード判断が難しくな
ります**。特に初心者の間は、トレード手法や判断基準は明確でシ
ンプルな方がトレードの上達も早くなります。

　自分のトレード手法がはっきりしないようだったら一度、きち
んと書き出して整理しましょう。エントリー、損切り、利確の根
拠もそれぞれ３つもあれば十分です。小学生に説明して再現でき
るぐらいのシンプルさが理想です。

**🖊 トレード判断の根拠を整理しよう**

☑ 損切り判断

☑ エントリー判断

☑ 利確判断

> 書き出すと
> わかりやすいにゃ ♪

　書き出してみると、優先的に使っているはずのインジケーターを使っていなかったり、反対に、色々なインジケーターを使い過ぎていたり、トレード判断の優先順位が変わっていたりなど、気づくことがあるでしょう。

　トレード手法を大幅に変更せず、マイナー調整することで、トレードの不調から抜け出せることがあるので、ぜひ試してみてください。

## ⬤ 基本に戻ってトレンドを味方に

　スランプに陥る原因のひとつに、**色々な場面でトレードをしていることが考えられます**。

　順張りで買いも売りも狙ってトレードしたり、レンジ相場でもトレードしたり、スキャルピングもデイトレードもスイングもしている、といった状態になっていないでしょうか?

　FX初心者の間は、**トレンドに逆らわないシンプルなトレード**に絞ってみましょう。

　「上昇トレンドなら買いだけでエントリー」、「下降トレンドなら売りだけでエントリー」を素直に続けてみましょう。それだけでも余計なトレードをせず、損切り回数を減らすことができるはずです。

　エントリーする時は、必ず日足や4時間足の長期足のトレンドに逆らわないことに気をつけ、15分足や1時間足などでエント

リータイミングを図りましょう。

本来、トレードは難しくないのに、勝手に難しくしてることが多いにゃん。

初心者の時は、色々な情報や知識が入ってくるので、基本に戻ることが大事なのね。

## Point! シンプルなトレードが上達への近道

FX初心者のうちは、様々な手法を試してみたくなり、いつの間にか色々なインジケーターや手法をごちゃまぜにしてしまい、トレードの調子が悪くなっていることがあります。
そういう時にトレードを重ねると、何を基準にしてトレードしているのかわからなくなり、悪循環に陥ります。
そんな時は一旦、トレードから離れて、各インジケーターの役割とトレード判断を見直してみましょう。

# 正しい努力を
# 3年続けてみよう

毎日、チャートも見て、頑張ってトレードしてるのに、うまくいかないにゃ〜（泣）

モカにゃんは、頑張ってトレードしてるって言うけど、「FXで頑張る」って何だろうね。ただ、長時間チャートを監視したり、検証を数多くこなしているだけでは、時間ばかりが経ってトレードが上達しないこともあるよ。正しい努力をしているかどうか確認してみてね。

FXでの「正しい努力」って何かな？考えてみたいにゃ！

## 🔶 FXにおける正しい努力とは？

　トレードの数をこなせば、そのうちトレードが上手になりそうですが、残念ながらただ数をこなすだけでは、なかなか上達しない場合があります。

　トレード数が多いと、長時間チャートを監視することになるの

で、頑張っている自分に酔いしれることはできます。なのに、結果が出ないと、「頑張って努力してもFXで稼げるようにはならない」と諦めてしまいます。

　自分のトレード手法を必ず守って、トレードをしているのならいいのですが、トレードするたびに違うトレード手法を使ったり、トレードスタイルも気分で変えたり、気が向いたらスキャルピングしてみたり…こういったトレードを長期間繰り返しても、一貫したトレードができるようになりません。

　そもそもトレードの成績が安定しないと、いつまでも自分のトレード技術に自信が持てなくなります。

　自分がしている努力や頑張りをもう一度見つめ直し、何を頑張っているのかを確認する必要があります。

　「何を学び、何を検証し、何をトレードに活かすのか？」を意識していれば、たとえ短い時間でも少しずつ上達するはずです。

## 🔸 テーマを決めてトライ！

　全体的にトレードがうまくいっていないと感じたら、**トレードプロセスの一部分を取り出して、その部分を集中して練習**してみましょう。テニスで例えれば、サーブだけを重点的に練習するイメージです。

　トレードで言えば、エントリー技術を上げたければ、トレンド転換、押し目買い、戻り売り、ブレイクアウトなど、エントリーだけでも色々なテーマがあります。

例えば、押し目買いの技術を向上させたかったら、デモ口座で徹底的に押し目買いの練習だけをしてみるのがおすすめです。

明確な課題をもって
トレード練習にゃん♥

損切りと利確の
練習も忘れずに！

ある程度、自信がついて自分でも押し目買いが上手になったと実感できたら、次のテーマに移って同じようにひたすら練習です。

テクニカル指標であれば、移動平均線だけを使ってトレードしたり、チャートパターンであれば、ダブルボトムだけを使ってトレードしてみる。

そして、それぞれどの程度の勝率になるのかを検証したり、何を加えれば、さらに精度が上がるのかを探ることも重要です。

## 🧭 FXも石の上にも3年!?

毎日FXに向き合っていると、相場も人生のように山あり谷あり、急上昇してみたり急落してみたり、そうかと思えば、全然相場が動かなかったり、どっちに行くのかわからない状態のときもあります。

3年ほどFXの相場経験を積むと、なんとなく相場がわかったような気になり気が緩むことがあります。そんな時に限って相場で大変動が起き、大きな損切りやロスカットを経験することになるのです。

本当はあって欲しくはありませんが、3年ほどトレードをしていると、痛い目にあうようなことが少なからず起きます。

そして初めて、相場に対して謙虚な気持ちを持てるようにな

り、相場を甘く見ることはなくなります。

　このような経験をすると、資金管理の重要性を思い知らされることになり、まめに出金したり口座には余剰資金しか入れないように気をつけるようになります。

　3年、トレードしていれば様々な局面に遭遇し、その局面での立ち回り方も少しずつわかってくるはずです。

　うまくいかないことが何度かあっても、最低3年はトレードを続けると相場への理解も深まり、見える世界も変わってきます。

3年は試行錯誤しながら、頑張ってみるにゃ！

すぐに諦めてしまうのはもったいないよ。

 **実りのある3年にしよう**

なんとなくトレードした3年と、常にトレードから学び、改善を繰り返した3年とでは、同じ3年でも全く違った3年になってしまいます。適当に根拠のないトレードを繰り返していても、お金と時間の無駄になってしまうので、正しい方法で取り組むことが重要です。

# SECTION 04　トレード記録を見直そう

トレードがうまくいかない場合は、今までのトレード記録を見直してみると、改善点がきっと見つかるよ。

トレード記録はつけているだけで、見直したことないにゃ。

せっかくつけているなら、項目別にひとつずつ見直してみよう！

## ◯ 早速、トレード記録をチェックしてみよう！

　日々のトレードに忙殺されていると、継続的に利益が出ている場合はいいのですが、一旦、損切りが続くことで急にトレードの調子が悪くなることがあります。

　損切りが続いたり、利益が思ったように出せていないのに、うまくいかない原因がわからないままトレードを続けるのは、損失がふくらむ悪循環に陥ることにもなりかねません。

　大きな損失を出す前に今までのトレード記録を見ながら、次の項目をチェックしてみてください。

# 自分のトレードを見直してみよう！

☑ トレード前に経済指標の発表スケジュールは確認しているか？

☑ 常に、経済、金融、政策金利の動向は把握しているか？

☑ 米国祭日など市場取引が閑散としている時にエントリーしていないか？

☑ 月末月初、金曜日、年末年始に、無駄なトレードをしていないか？

☑ 無計画にポジションを週末に持ち越していないか？

☑ 勝率の良い曜日や勝率の悪い曜日があるか？

☑ 取引通貨ペアを変更していないか？

☑ トレードする時間帯を変えていないか？

☑ 重要な経済指標発表前にポジションを持っていないか？

☑ 自分で決めた資金管理に沿ってトレードをしているか？

☑ 資金に対してロット数やレバレッジが大きすぎないか？

☑ エントリー前に決めたところで損切りをしているか？

☑ リスクリワードが1：1以上のところでエントリーしているか？

☑ 利確目的まで待てずに利確していないか？

☑ 長期足のトレンドに逆らってエントリーしていないか？

☑ あえて逆張りする時は、明確な根拠を持って逆張りをしているか？

☑ エントリー根拠が適当になっていないか？

☑ 売りと買いのどちらの勝率がいいか？

☑ 自分が決めた時間軸のチャートでトレードしているか？

☑ トレードスタイルは変えていないか？

☑ 使っているテクニカル指標が多すぎないか？　使っていないテクニカル指標をチャートに表示していないか？

☑ チャートはトレード判断がスムーズにできるよう、きれいに整理されているか？

☑ トレード判断する時の、テクニカル指標の優先順位は変わっていないか？

☑ 自分が決めたトレードルールを守れているか？（守れていない場合、ルールが守れるようにするには何を変えればいいか？）

☑ トレードプロセスは守っているか？

☑ いつも冷静にトレードしているか？　リベンジトレードはしていないか？

☑ 心配事や借金を抱えながらトレードしていないか？

☑ 定期的に運動し、睡眠も十分とり、食事も美味しく食べられているか？

記録にとっていない項目があったら、次にトレードする時から意識するようにしてみましょう。

　チェックしてみると改善点や課題が見つかったのではないでしょうか？

　問題点が多く見つかったとしても落ち込まないでください。むしろ、上達に伸びしろがあるという意味なので喜ばしいことです。

## Point! すぐに結果が出なくても焦らない

自分のトレードを振り返ってみると、簡単に改善できるものから、ある程度の練習が必要なものとあります。

取引通貨ペアを毎日変えていて、トレード成績が良くないのなら、取引通貨は3通貨に絞るといったことは次のトレードから実践できます。

テクニカル分析に関わる課題は、トレード練習や検証が必要なので、すぐに結果が出なくても焦らず、じっくりと取り組んでいきましょう。

## SECTION 05 欲は良くない？ 稼ぎたい欲と向き合う

映画「ウォール街」でも、「欲は善だ」って台詞が出てくるにゃん。

確かに人間には誰でも欲があるよね。猫ちゃんのモカにもあるのかな？（笑）でも、その欲が強すぎるとFXがうまくいかなくなるのよ。

### 🐾 欲は果てしなく続く？

　最近、トレードがうまくいかないと感じたら、**稼ぎたいという欲**が今までより強くなっているのかもしれません。その欲が微妙に、トレード成績に影響を与えていることがあります。

　人間の欲は、とどまるところを知りません。

　例えば、FXで1ヶ月10万円稼げたとします。「10万円では、ちょっと足りない、来月は20万円稼ごう。」「20万円稼げたら、欲しい物がもっと買える。来月は30万円…」と永遠に続きます。いくらお金を稼げたら満足できるのでしょうか？

　この問いの答えは、人によって違うのは当然で、正解はありません。

310

ただ、お金に対する欲を知っておくことは、とても大事なことです。それは自分にとって、何が幸せで何が大事かを知ることにもつながります。

　それを明確にしてからFXを再開してみると、少し違った気持ちでトレードに向き合えるかもしれません。

いっぱいお金欲しいって思ってたけど、実は、美味しいごはんを食べて、お気に入りベッドで寝て、あとたまに遊んでもらえれば幸せにゃん！

よくよく考えてみると、人間も猫ちゃんもシンプルなことで満足できるのかもね。

## ⏎ トレード中に早く稼ぎたい欲が出てきたら…

　FXで思ったようなお金が稼げないと、焦りから早く稼ぎたい気持ちが強くなることがあります。

　「あまり稼げてないから、いっそのことロット数をいつもの倍にしようかな…」と、悪魔のささやきが聞こえることも。

　**ロット数を上げる**のは、制限速度100キロの高速道路で、200キロを出すようなものです。早く目的地に着けるかもしれませんが、事故を起こすリスクも大きくなります。早く稼ごうとする行為には、必ずリスクが伴い大損失をまねくことになります。

　確かに、ロット数を上げて大きな利益を出せることもあります。

そうすると、大きな利益を得た時の快感が忘れられず、大きなロットでのトレードを繰り返すようになります。

でも、その幸運は続かず、今までの利益、あるいはそれ以上の金額を吹き飛ばしてしまうことになります。

恐ろしいのは、爆益→爆損→爆益→爆損…を繰り返すことが習慣になってしまい、いつまでも資金が増えない、もしくは失い続けることです。この負のループは、スランプから破産への道につながります。

早く稼ぎたい欲が強くなった場合、そう思う自分の気持ちを冷静に観察し、一旦、トレードから離れることも必要です。

トレードの調子が悪いからって、焦ったらだめだにゃ。

思うように稼げないから、ロット数を上げたり、トレード数を増やすと、さらにスランプの泥沼にはまってしまうよ。

## 🔺 欲を止められるのはトレードルール

**スランプ**に陥ると、気分が落ち込んだり、少々やけくそ気味になることもあります。

そんな時、トレードルールを守ることをやめ、一発勝負で稼ぎたい欲がわきあがってくることがあります。

欲に駆られて暴走しそうになった時、それを止められるのは「**トレードルール**」です。

例えば、一日のエントリー回数を3回までと決めていたとしま

す。残念ながら、3回とも損切りになってしまいました。

　そんな時、エントリー回数のルールがなかったら、損を取り戻すために何度もトレードを繰り返し、さらに損失を大きくしてしまうことがあります。

　たまたま、自分のトレード手法が相場とかみ合ってないことが原因かもしれないのに、リベンジトレードをすることだけは避けましょう。

トレードルールを守るって、大事なんだにゃん。モカも1日3回以上はごはん食べないってルールあるにゃん！

人間も猫ちゃんも意思が石のように固いわけじゃないから（笑）、トレードルールがないと欲望のままにトレードしちゃうよね。

### Point! 　最初はコツコツと利益を積み上げよう

FXがうまくいかない時こそ、自分の欲について考えてみることをおすすめします。実は、自分が思ったより少ないお金でも、十分満足できる生活を送れるのかもしれません。それがわかっていれば、トレードの最中でも気持ちに余裕ができ、結果、良い成績につながります。
初心者の頃は、大きな損失を出さずに少額でも積み上げることが大事です。調子が悪い時こそ、大きな損失を出さないよう気をつけ、資金を守ることを心がけましょう。

# トレードにも悪影響！
# 生活習慣を見直そう

FXトレードでうまくいかなくて、生活
が荒れてしまう話も聞くにゃ〜。

トレードは資金の増減を目の当たりに
するので、自己管理がとても大事ね。

## ⊿ トレード中毒は病気のもと

トレードが不調だと、普段より長い時間トレードをしたり、い
つもはしない時間帯でトレードしてしまうことがあります。

次第に**トレード中毒**のような状態になり、寝ても覚めてもト
レードばかりしていることに。

時短のために食生活もジャンクフードで済ませ、いつも睡眠不
足でイライラ……こんな毎日になっていたら、何らかの病気にな
ってもおかしくありません。

真面目で頑張り屋さんほど、
悪循環に陥ってしまうこと
があります。

えーん…
今日も寝ないで
トレードにゃあ…

FXでもなんでも一生懸命に取り組むのは大事なことですが、病気になってしまっては元も子もありません。

　トレードより先に、まず規則正しい生活に戻し、心身とも元気になってからトレードを再開してください。

## 悪い生活習慣がトレードに影響？

　自分の生活の中で、**悪いと感じている習慣**はありませんか？その習慣が、トレードに悪い影響を与えているかもしれません。

　例えば、アルコールや砂糖たっぷりの飲料水の飲み過ぎ、スナック菓子、スイーツやジャンクフードの食べ過ぎなどの食生活の習慣はどうでしょう？

　直接トレード結果と関係なさそうですが、暴飲暴食は自制心のない表れで、自暴自棄なトレードやトレードルールを守れないことにつながる可能性があります。

　テレビやYouTubeの見過ぎ、ソーシャルメディアやゲームのし過ぎも、自分にストップをかけられないという意味で、「だらだらトレード」につながるかもしれません。

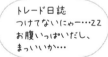

トレード日誌
つけてないにゃー…zz
お腹いっぱいだし、
まっいいか…

　他にもトレードに悪影響が出そうな生活習慣を見直してみると、トレードの調子が良くなるだけではなく、自己肯定感も高まるので一挙両得です。

## 理想の一日をプロデュース

　トレードがスランプ気味の時は、気分も落ち込んでいるので、ここはスイッチを切り替えて**自分の理想の一日を妄想**してみましょう。

「主婦トレーダーの一日」「在宅ビジネストレーダーの一日」「会社員トレーダーの一日」などの密着ドキュメンタリーの取材を受けたと想像します。

まさか、ポテチを食べながら、寝っ転がってテレビを何時間も見ている姿は撮影されたくないはずです。

自分の仕事もこなしながら、トレードの時間を上手にスケジュールに組み込み、生き生きして一日を過ごしている姿を見せたいのではないでしょうか?

**自分の理想の一日をプロデュース**してみると、良い習慣と悪い習慣が浮き彫りになり、トレーダーとしてやるべきことが見えてきます。

毎日の生活で良い習慣が多いと、トレードの成績も向上しそうだにゃん。

自分の生活にきちんと向き合うことで、トレードへの向き合い方も良くなるのね。

**Point! トレードで良い人生にしよう**

FXトレードは、基本、ひとりで完結するものなので、自分の長所も短所も全てトレードに反映されてしまいます。FXをきっかけに、自分を見つめ直したり、生活習慣を良いものに改善できれば、FXは人生を良い方向へと導いてくれます。

地道な作業や努力が要求されるFXですが、それを乗り越えた時、自分に自信もつき、自然と結果につながっていくでしょう。

# モカにゃん厳選！ 心に刻みたい相場格言５つ

　過去の相場の達人が、相場に関する格言を多く残してくれています
が、その中でも、ぜひ覚えておきたい格言をピックアップしまし
た。こういった相場の達人の格言を覚えておくと、トレードをしな
がらふと頭に浮かび、トレード判断をもう一度考えてみるきっかけ
になることがあります。

**❶ もうはまだなり　まだはもうなり**

　「もうはまだなり」は、長くトレンドが続いていると、「もう、こ
れ以上は上がらない！（あるいは、下がらない！）」と思っても、
まだそのトレンドが続くことを意味します。うっかり、逆張りでエ
ントリーしてしまうと、損切りされてしまいます。

　「まだはもうなり」は、「まだまだ、これから上がる！（あるいは、
下がる！）」と思っても、トレンドは期待通りに続かないことを意
味しています。

　結局、期待や感情だけでトレードしても、うまくはいかないとい
う相場の難しさや厳しさを表している格言ですね。

**❷ 相場は明日もある**

　FXトレードでチャンスを逃すと、つい焦ってしまい、無理なト
レードをしたり、リスクの高いトレードをしそうになります。

　そもそも、全てのチャンスをとらえてトレードをすることは不可
能です。

　「相場は明日もある」ので冷静に待つことが大事です。

　損切りになったり、疲れている場合でも、「相場は明日もある」
と自分に言い聞かせれば、無理にトレードしようと思わなくなるで
しょう。

明日がんばるにゃ!!

### ❸相場のことは相場に聞け

　為替相場の予測や分析は大事ですが、実際の相場の値動きが全てを語っているとも言えます。自分なりに完璧な分析をしたと自信をもつのは良いですが、相場が思ったように動かないこともあります。

　相場は上がると期待していても、実際に下がっているのなら、それが相場が出した答えです。結局は、相場が現在の状況を常に反映しているというわけです。

### ❹押し目待ちに押し目なし

　相場が上昇を続けているので、押し目のタイミングを待って、買いエントリーしようと思っていても、期待したような押し目が来ないで、どんどん上昇してしまうことを意味しています。

　結局、ポジションを持たずに指をくわえて、上昇する相場を眺めているだけになり、悔しい思いをします。

　そこでチャンスを逃したと思い、高い価格で買ってしまった後に限って、押し目が入ることもあり、「相場は意地悪だな」と感じるでしょう。

### ❺2度に買うべし　2度に売るべし

　テクニカル分析やファンダメンタルズ分析を使って、エントリーポイントを探っても、必ずしもベストなエントリーになるとは限りません。そこで最初は、試しに少額でエントリーして、値動きの様子を見ながら、さらにエントリーしていく方法が有効です。

　最初から全力でエントリーしてしまうと、その後に良いエントリーポイントが来た時に、資金に余裕がなくポジションを持てないのはもったいないですよね。

　こういった格言は、過去に成功した投資家が様々な相場の荒波を経験して出てきたものです。初心者から経験者まで、参考にできる格言は他にも多くありますので、ぜひ調べてみてください。

# あとがき

　本書を最後まで読んでいただき、本当にありがとうございます。

　今回、本書の執筆しながら、わかりやすく説明することの難しさを改めて実感、書き直しを重ね、出版までこぎつけました。

　私自身、解説文を書きながら疑問に思うこともあり、もう一度、確認をしたり、学び直したりしました。わかっていたつもりでも、説明しようとするとうまく説明できず、自分の理解があやふやなことに気づくこともあり、大変有意義な時間になりました。

　学んだことを定着させるためには、アウトプットが重要なことは間違いありません。他の人にわかりやすく説明できるようになって、はじめて自分の知識になると思います。

　本書を読んでくださった皆さまも、ソーシャルメディアやブログなどで学んだことをアウトプットしていくと、トレードの上達がさらに早くなるでしょう。

　最後になりますが、更新していなかった私のFXブログを見つけ、FX入門書執筆のお話をくださり、背中を押して下さった大前様、そして本書作成に力を尽くして下さった方々、貴重な体験をさせて頂いたこと心より感謝いたします。

　そして、執筆中に、家事の協力をしてくれた私のパートナー、日本から心配しながら見守ってくれた母、常に励ましてくれた大切な友人、そして、執筆中にかまって欲しくて前足で腕を「トントン」とたたいて邪魔してくれた（笑）お茶目なモカにゃんに感謝です。

　FXトレードをはじめたことで、人生が少しでも豊かになり、自分の成長も感じることができますよう、皆さまの成功と幸福を心からお祈りしています。

主婦＆FXトレーダー　ソフィア

## 初心者でも勝てる！
## 月10万円からのFX超入門

2023年11月30日　　初版第1刷発行

著　　者　ソフィア
装　　丁　宮下裕一
発 行 人　柳澤淳一
編 集 人　久保田賢二
発 行 所　株式会社　ソーテック社
　　　　　〒102-0072
　　　　　東京都千代田区飯田橋4-9-5　スギタビル4F
　　　　　電話（注文専用）03-3262-5320　FAX03-3262-5326
印 刷 所　図書印刷株式会社